Madame de Staël d'après ses portraits
avec onze illustrations en hors texte

Yvonne Bezard

Paris , 1938

FSC
www.fsc.org
MIXTE
Papier issu
de sources
responsables
Paper from
responsible sources
FSC® C105338

À M^rs. Bullock Willis
sympathique hommage
Yvonne Bezard

YVONNE BEZARD

———————

MADAME DE STAËL
d'après ses Portraits

avec onze illustrations en hors-texte

1938

PUBLICATIONS DE LA SOCIÉTÉ D'ÉTUDES STAËLIENNES

ÉDITIONS VICTOR ATTINGER

PARIS-V^E
4, RUE LE GOFF

NEUCHÂTEL
7, PLACE A.-M. PIAGET

DU MÊME AUTEUR :

L'Assistance à Versailles sous l'Ancien Régime et sous la Révolution (Versailles. Mercier ; Paris, Lefrançois).

Les porte-arquebuse du Roi (Mercier).

Une mère (Albin Michel).

La vie rurale dans le Sud de la Région parisienne de 1450 à 1560 (Firmin-Didot).

Une famille bourguignonne au XVIIIe siècle (Albin Michel).

Fonctionnaires maritimes et coloniaux sous Louis XIV : les Bégon (Albin Michel).

ÉDITIONS

Président de Brosses : Lettres à Ch.-C. Loppin de Gemeaux (Firmin-Didot).

Président de Brosses : Lettres familières sur l'Italie (Firmin-Didot).

Il a été tiré de cette plaquette
20 exemplaires sur pur fil Lafuma
Navarre, numérotés de 1 à 20.

La réputation physique de Mme de Staël dans le grand public est trop souvent, à la fois fâcheuse et injuste. Sur son manque de beauté, beaucoup de ses contemporains, il est vrai, s'accordent. Laide est un refrain qui revient trop souvent lorsqu'elle est introduite sur la scène ; les talons de Bonaparte le scandent d'une façon particulièrement bruyante. Fouché, au nom de son maître, lui lance dans le *Journal des hommes libres,* l'injure brutale et publique : « Ce n'est pas de votre faute si vous êtes laide, mais c'est de votre faute si vous êtes intrigante[1]. » Quand Lucien demande à Napoléon un peu de bienveillance pour celle qu'il persécute, l'empereur répond brutalement : « C'est trop… Elle est trop laide[2]. » Si l'on peut ne pas accorder de confiance à ces colères de soudard ni à la boutade d'un ami du mari déclarant que M. de Staël a épousé « pour de l'argent, la plus laide fille de France », chez des témoins plus impartiaux, nous trouvons encore le même mot au milieu d'autres plus élogieux. Adressons-nous d'abord à des femmes qui n'étaient pas des rivales. Mme de Charrière, bien avant que Germaine ne connût Benjamin Constant, découvre que la jeune fille a de beaux yeux ; cependant, dit-elle : « Mlle Necker est moins jolie que je ne croyais ; elle est laide[3] ». Miss Burney, pudique Anglaise, ne pouvait croire aux amours de Mme de Staël avec le comte de Narbonne, après avoir constaté : Elle est laide, lui très beau[4]. » Mme de Boigne, avant d'être charmée par la conversation de sa compagne, la déclare laide et ridicule[5]. À côté de ces témoignages, nous pouvons ranger celui du Hanovrien Bollmann ; ému de pitié fraternelle auprès de Mme de Staël que le danger couru par Narbonne faisait trembler, il avoue que le physique de son interlocutrice n'était pas la cause de son attendrissement : « Une foule de motifs, dit-il, parmi lesquels ne se trouvaient pas, heureusement pour moi, la beauté car elle était laide assaillirent mon âme[6]. » D'autres amis comme la Grande Duchesse de Weimar se servent de termes plus atténués peu jolie, pas du tout jolie[7]. En plus de la laideur proprement dite, des observateurs malveillants reprochent quelquefois à Mme de Staël une certaine vulgarité physique, rachetée il est vrai par l'éducation, et une apparence assez masculine : « À voir son visage et sa tournure, on pourrait la prendre pour une domestique suisse, si la grâce française n'était pas répandue sur sa lourde personne, disait l'Allemand Wieland[8]. » Guibert, qu'elle admira tant dans sa jeunesse, parle de « ses traits plutôt prononcés que délicats[9] » qui annonçaient quelque chose au-dessus de la destinée de son sexe. Les actes des Apôtres, en 1789, la nomment la Bacchante de la Révolution », la seule personne « qui puisse tromper sur son sexe[10]. » Benjamin,

dans une heure de colère, l'appelle l'homme-femme[11]. »
L'élégiaque Lamartine, lui-même, qui l'aperçut en voiture, à
demi voilée par la poussière, sur la route de Coppet, la trouvait
« un peu massive, un peu voûtée, un peu colorée pour une
apparition[12]. »

Cependant, les succès en amour de Mme de Staël sont aussi
certains que sa fâcheuse réputation esthétique. Elle souffrit, il
est vrai, de certaines rebuffades plus ou moins déguisées ; elle
connut un échec sanglant et public auprès de Bonaparte qui la
fit se cabrer, d'autres plus secrets et aussi douloureux auprès de
François de Pange et de Prosper de Barante qui lui arrachèrent
des supplications d'une humilité poignante. Qui n'a pu lire, en
effet, sans avoir des larmes aux yeux, les lettres qu'elle a
adressées à François et que cite dans son beau livre la comtesse
de Pange : « Quand je m'étais résignée à n'être pas le premier
objet d'une âme telle que la vôtre, n'était-ce pas du moins avec
la douce idée que vous ne me feriez jamais de mal ?… C'est
celui qui a besoin de l'autre qui doit se soumettre.[13] » Qui ne
se souvient de la supplication implorante par laquelle elle
demande à Juliette Récamier de lui laisser la tendresse de
Prosper de Barante[14] ? Dans l'ensemble, néanmoins, les
succès amoureux de Mme de Staël seraient flatteurs, même pour
une très jolie femme. Est-il utile de rappeler qu'elle garda
pendant des années deux amants remarquablement beaux aux
temps de sa jeunesse, Narbonne, l'homme de cour élégant entre
tous, et à la fin de son existence, le jeune Rocca qui avait vingt
ans de moins qu'elle ; qu'elle fut liée pendant quatorze ans avec
un des intellectuels les plus subtils et les plus fins qui aient
jamais existé : Benjamin Constant ? Sa vie de cœur, pareille à
celle de beaucoup de femmes brillantes et mal mariées du

même temps que ne maintenait pas une religion exacte, fut infiniment variée ; on y peut compter des amours brèves et aussi, il faut le dire, de nombreuses amitiés sentimentales d'une inspiration élevée.

On peut rappeler le nom de Talleyrand et l'attention passagère qu'il accorda à Germaine, celui de Mathieu de Montmorency, l'ami incomparable, capable de faire apparaître un sentiment de joie dans un cœur déchiré par le deuil filial[15], ceux du Suédois Ribbing, connu au temps de la Terreur, du jeune O'Donnel rencontré en Autriche, préfigure de John Rocca, des admirateurs plus lointains qui défilèrent par centaines dans les beaux étés de Coppet.

Comment expliquer ces triomphes éphémères ou durables chez une femme qui n'aurait eu aucun attrait physique ? La situation, l'influence, la fortune énorme que Germaine Necker devait à sa famille n'y furent certainement pas étrangères. Fille de ministre, recevant une dot qui lui valait 500 000 francs de rente, elle fit un mariage où le sentiment ne tenait guère de place mais qui lui donna une influence et une indépendance particulièrement appréciables dans les temps troublés où elle vécut. Devenue ambassadrice de Suède, elle put s'intéresser à la carrière de ses amis : elle contribua à faire de Narbonne un ministre de la Guerre, de Talleyrand, un ministre des Affaires étrangères, de Benjamin, un membre du Tribunat. Pendant la Terreur, elle eut plus de facilité que d'autres pour soustraire les aristocrates qu'elle aimait au danger révolutionnaire ; c'est ainsi qu'elle procura des fonds à Narbonne pour passer en Angleterre, qu'elle fournit à tout un groupe de fugitifs un refuge en Suisse dans la petite ville de Nyon d'abord, à Mézery, près de Lausanne, ensuite. À Coppet, elle hébergea des hôtes nombreux à chaque saison et Benjamin Constant d'une façon presque permanente. À celui-ci, en plus, elle ouvrit plusieurs fois sa bourse sous forme de prêts qui ne furent pas remboursés de son vivant. Une chaleur de cœur très vive, un dévouement inlassable qui lui firent risquer jusqu'à sa vie, accompagnaient toujours les bienfaits de Mme de Staël. La reconnaissance y répondit du côté des obligés et devint une nouvelle cause de tendresse que la longueur du temps altéra parfois et changea en chaîne, au moins quand il s'agit du frivole comte de Narbonne et de l'ombrageux Benjamin Constant. Après quelques querelles passagères, la gratitude entière, compagne de l'amour le plus profond, revécut au contraire et dura chez John Rocca, le jeune et dernier mari que Germaine de Staël soigna comme son enfant et qui assista mourant à son agonie. On sent résonner la même note dans l'amitié pure de Christin, le conspirateur suisse, qui, dans sa prison, implorait ainsi qu'une Madone la châtelaine de Coppet : « Au fort de ma détresse, votre image ne m'a pas abandonné un seul instant ; elle était là comme un ange consolateur…[16]. »

La femme à qui de tels accents s'adressent ne fut pas aimée uniquement pour les services rendus. La gloire littéraire qui attira tant d'admirateurs à Germaine de Staël ne lui donna pas ses premières et plus célèbres amours. Les *Lettres à Jean-Jacques Rousseau*, œuvre de jeunesse, parue en 1788, charmèrent Mme Récamier et ne manquèrent pas de séduire un cercle ami, mais la grande renommée de la femme de lettres ne fut établie qu'en 1802 après Delphine, après Corinne surtout, en 1807. L'intelligence de Mme de Staël pouvait séduire par d'autres moyens, par la collaboration active quand il s'agissait d'un écrivain comme Benjamin Constant, par la conversation surtout, cette conversation étourdissante, tour à tour grave et amusante, « feu roulant d'humour et d'esprit[17] », à laquelle avait préludé l'espièglerie mutine de la petite Germaine Necker et que soutenait une voix trouvée quelquefois trop forte[18], mais le plus souvent « flexible, harmonieuse, agréable[19]. » Il y avait, en effet, chez la châtelaine de Coppet, l'attrait d'une nature extraordinairement vivante, « un feu qui éclaire[20] » suivant l'expression de Rosalie de Constant, plus de flamme qu'il n'en faudrait pour animer dix individualités médiocres.

Cependant, il nous semble que, par surcroît, Germaine de Staël devait posséder un charme physique véritable, une sorte de beauté. Certains témoins nous le font croire, opposés à ceux qui, plus nombreux, nous l'avons dit, ne nous ont parlé que de sa disgrâce. Fersen, ayant aperçu la jeune fille au passage, avouait que sa figure n'avait rien de désagréable[21]. Gœthe, un jour de favorable justice, était d'avis que : « Sa personne avait quelque chose de ravissant au point de vue physique comme sous le rapport intellectuel et [qu'] elle paraissait n'être point fâchée qu'on n'y fût pas insensible[22]. » À force de regarder ce visage, disgracieux au premier moment, on finissait par le trouver beau : « Son visage aussi m'est agréable et plus on le considère, plus il plaît, avouait Charlotte de Stein[23]. » Le Genevois Sismondi, ami fidèle, compagnon fréquent de voyage, insiste surtout sur le charme féminin, qui, à son avis, se dégage de cette personnalité, à laquelle on accorde généralement plus de vigueur que de grâce : « Je sais bien qui est la femme toujours femme, même lorsqu'elle est éloquente comme un orateur ou profonde comme un philosophe, ou inspirée comme un prophète et je sais bien aussi comme on l'aime, comme on l'aimera toujours[24]. »

Ce charme physique de Mme de Staël ressort aussi, il nous semble, de l'examen de ses portraits. À ce point de vue, on la juge trop souvent sur le plus connu, celui du baron Gérard, image posthume qui ressuscite la femme de cinquante ans. Pour se faire une opinion équitable, il vaut mieux regarder les nombreuses images qui la représentent en ses belles années. Malgré les doutes qu'elle avait, elle-même, au fond de son cœur sur les mérites de son physique et qu'elle avoue ingénuement dans son journal de jeune fille, en soupirant sur sa figure[25], Germaine de Staël se fit peindre plus d'une fois. Tous ces portraits présentent un vif intérêt ; même si on fait la part de la flatterie, ils ont des traits communs et quelques-uns d'un aspect plus réaliste, ne sont eux-mêmes pas dépourvus d'attrait. Le plus ancien est une sanguine de Carmontelle [26], conservée au château de Coppet, où la petite Germaine Necker est représentée à l'âge de treize ans environ. Elle a été exécutée, par conséquent, aux entours de 1780. Necker, directeur des finances, était alors à l'apogée de sa carrière ; les invités de distinction se pressaient dans le salon de Mme Necker. L'enfant est représentée, le buste raide, avec le maintien un peu guindé que les usages mondains lui imposaient quand elle recevait à côté de sa mère, toute « droite sur un petit tabouret » et que les vieux philosophes lui baisaient la main[27]. Cette raideur est peut-être attribuable aussi en partie à l'art un peu sec de Carmontelle qui nous a laissé une Julie de Lespinasse de profil, pareille à une poupée de bois. La petite Germaine revenait sans doute lorsqu'on la portraitura de cette saison de Saint-Ouen où elle était allée reposer en compagnie de son amie Mlle Huber, sa jeune tête surmenée[28]. L'enfant semble encore assez mal développée et n'annonce pas la femme aux formes amples qu'elle sera plus tard. La tête au crâne un peu vaste, agrandie encore par une énorme coiffiure, paraît tout à fait disproportionnée si on considère le buste grêle, serré dans un corps baleiné. Les épaules remontées, le torse qui bombe, donnent presque une vision d'infirmité ; on soupçonne encore cette grosseur de l'épaule droite dont parlait Mme d'Houdetot lorsqu'elle veillait sur la toute petite fille et qui dut s'effacer après la fin de sa croissance[29] ; les bras sont maigres encore, les mains à peine esquissées. Seule la figure est vivante. Malgré un type un peu nègre, aux grosses lèvres, au nez légèrement retroussé, les beaux yeux aux longs cils, les joues rondes, une grâce enfantine, douce et potelée, la rendent délicieuse à regarder. C'est presque le seul portrait où Germaine soit représentée avec un costume d'Ancien Régime : pouff de mousseline à petits pois qui prolonge le bouffant en proue de navire, grosses boucles poudrées, natte rattachée par un ruban sur la nuque, fichu Marie-Antoinette en mousseline, ourlé, plissé, orné d'un feston et de pois en plumetis, guimpe intérieure garnie de plissés, bouquet de fleurs au croisé, robe de soie, ruches plissées à double volant sur le busc, au coude et sur les coutures de la robe.

50%

Germaine NECKER
Sanguine de Carmontelle
(Château de Coppet)

La seconde effigie de Germaine Necker nous est offerte par elle-même dans une aquarelle de Coppet que la jeune fille exécuta, un ou deux ans après le portrait de Carmontelle. Le dessin en est d'un réalisme curieux et un peu gauche. Nous y retrouvons le même profil que dans la sanguine, des joues rondes aux légères bajoues, un nez un peu relevé. Un ruban bleu tourne autour de la tête ; des grosses boucles descendent le long du cou ; une mèche se détache comme un pinceau sur la joue. La jeune fille porte déjà une robe blanche et un manteau bleu à l'antique. Elle devance les modes du Directoire. C'était le temps où elle s'habillait en nymphe et en muse pour se promener dans les bosquets avec son amie Mlle Huber[30].

Germaine, avant son mariage, a encore été représentée dans un portrait que Sainte-Beuve a vu et décrit en ces termes : « Cheveux épars et légèrement bouffants, l'œil confiant et baigné de clarté, le front haut, la lèvre entrouverte et parlante, modérément épaisse en signe d'intelligence et de bonté, le teint animé par le sentiment, le cou, les bras nus, un costume léger, un ruban qui flotte à la ceinture, le sein respirant, à pleine haleine, telle pouvait être la Sophie de l'Émile...[31] ».

On pourrait ajouter, si l'on s'en fiait aux attributions, un portrait qui voisine au Musée de l'Assistance publique à Paris avec la réplique du portrait de Mme Necker par Duplessis[32]. La figure un peu étroite et enfantine, au nez droit et court, à la bouche charnue, que prolonge une haute perruque blanche aux boucles roulées, n'est pourtant pas celle de Mme de Staël. Suivant l'avis autorisé de la comtesse de Pange, il s'agit d'un deuxième portrait de Mme Necker grande bienfaitrice des pauvres, fondatrice de l'hôpital qui porte aujourd'hui son nom[33].

La Révolution passe maintenant. En 1789, les traits de Mme de Staël furent reproduits par Quenedey avec les procédés du physionotrace[34]. Mme de Staël est en buste, de profil à gauche. Les cheveux bouclent sur le haut de la tête et tombent sur les épaules, l'œil est gai et vif ; le corsage à berthe est bordé d'un ruche autour du décolleté[35]. La jeune ambassadrice à l'apogée de sa vie amoureuse, la tendre amie de Narbonne et de

Montmorency, la protectrice des émigrés, fut peinte pendant son séjour de 1793 en Angleterre, déguisée en bacchante.

Mme DE STAËL EN 1789
Physionotrace de Quenedey
(Bil. nat. Est.)

Son retour dans sa patrie d'origine nous a valu deux portraits ravissants, visions exquises de jeunesse et de poésie, qui furent exécutés aux bords du Léman où Mme de Staël cachait ses chers fugitifs. Le plus ancien des deux portraits, qui date de décembre 1794, à la plus romanesque des histoires. Une petite gouache, symphonie en blanc et bleu, baignée par la suave lumière de la côte vaudoise, représente Mme de Staël assise dans un paysage de féerie, sous un chêne dont le feuillage s'estompe dans un brouillard roux, à côté de plantes aux larges feuilles d'azur et de célestes campanules aux tiges démesurées. La jeune femme est blanche et bleue comme le parc enchanté qui l'entoure : longs cheveux blancs, poudrés et bouclés, tombant sur les épaules, robe de mousseline, blanche et décolletée, ceinture de taffetas bleu aux coques bien dressées, souliers en soie bleue. Le visage rose sourit, la bouche est presque moqueuse, le buste se renverse, la jambe gauche se balance, elle va lancer bien loin la petite pantoufle. Ah ! que la vie est ennivrante et belle et riche et variée ! Germaine a sauvé toute une nichée de proscrits ; maintenant Robespierre est mort et la Terreur s'en va comme le roulement de tambour de plus en plus assourdi d'une armée qui s'éloigne, mais les fugitifs ne sont pas encore en sécurité, ils ont toujours besoin de leur protectrice. Narbonne est souvent ingrat et volage, Benjamin n'est encore qu'un passant rencontré sur la route de Nyon, mais Adolphe de Ribbing, le beau Suédois qui aide Germaine de Staël à sauver les émigrés français, lui donne tous les ennivrements d'un nouvel amour[36]. Jamais aucune histoire n'a autant passionné son âme de femme et de romancière que celle du conspirateur suédois[37]. Ce presque assassin qui cerna le roi Gustave III avec ses complices, un soir de bal, ce banni qui fut un jour condamné à mort, a fait vibrer en elle des notes obscures et puissantes. C'est pour lui qu'elle a commandé la gouache azurée.

Mme DE STAËL EN 1794
Gouache
(Appartient à Mme Geneviève Sienkiewicz)

Quand on examine le portrait à la loupe, on parvient à déchiffrer une lettre que Mme de Staël tient dans sa main droite :

Adolphe à sa mère.
Mars 1792.
Ah ! Si vous pouviez
Moins me regretter.

Derrière le tableau, on a encadré le billet autographe que Mme de Staël envoya à Ribbing avec son portrait :

Ce noble écrit dans mon esprit gravé
M'intéressoit avant de te connoître,
En te voyant mon cœur t'a retrouvé.
Dans ce tableau, vois l'instant qui fit naître
Le sentiment dont je vis à jamais
Et ce portrait jusques dans ma vieillesse
Doit ressembler en dépit de mes traits,
Si pour Adolphe il a peint ma tendresse.

Décembre 1794.

Mme de Staël fait allusion ici à l'admiration qu'elle avait éprouvé pour Ribbing quand elle avait lu, avant de le connaître, la lettre du condamné à sa mère.

Le portrait et la lettre en vers furent pieusement gardés par Ribbing qui se fixa à Paris en 1796, s'y maria en 1799 et devint finalement rédacteur au *Courrier français*. Il écrivait tous les jours son article de politique étrangère, entre six et sept heures du matin, se promenait ensuite dans son jardin et s'occupait à des passe-temps bien inoffensifs pour un ancien régicide ; il s'amusait à donner à manger un morceau de sucre à une rose un jour où Alexandre Dumas vint le trouver et c'est Dumas lui-même qui croque ce tableautin dans ses Mémoires[38]. Le futur auteur d'Antony écrivit deux vaudevilles en collaboration avec le fils de Ribbing ; l'amitié fut telle entre les deux hommes que le jeune Ribbing de Leuven légua plus tard à Dumas fils sa maison de Marly-le-Roi et le portrait de Mme de Staël. Si l'éloquente Germaine avait pu prévoir le surprenant destin de son portrait, elle aurait été ravie qu'il présidât aux conversations éblouissantes jaillies entre Dumas fils et

Victorien Sardou. La jolie gouache appartient aujourd'hui Mme Geneviève Sienkiewicz, filleule de Mme Alexandre Dumas, à qui nous en devons la très aimable communication.

La seule chose que nous ignorions est l'auteur du tableau dont il existe à Coppet un abrégé en bijou : miniature broche reproduisant les longs cheveux bouclés et poudrés, la robe blanche, la ceinture bleu clair. La gouache, exécutée au temps du séjour à Mézery, fut — sans doute l'œuvre d'un de ces charmants peintres qui étaient la parure de Genève. Deux d'entre eux : Agasse et Massot étaient alors réfugiés à Lausanne. Firmin Massot qui devait peindre Mme de Staël quelques années plus tard, a-t-il donné d'elle, dès 1794, une première image ?

Germaine eut, en effet, le bonheur de rencontrer ce délicieux peintre de la femme qui fut le Reynold de la Suisse[39]. Quel premier visiteur du musée de Genève ne s'est pas arrêté, saisi d'un étonnement ravi devant le portrait des dames Tœpffer ? On aimerait à revenir contempler souvent la fine tête, blonde et maigre de l'une, surmontée d'un huit en torsade, le profil charmant de l'autre, ses volantes boucles brunes qu'enserre un mince turban, son cou serré très haut par un col en mentonnière, son neigeux capuchon blanc rabattu sur les épaules. Ce Genevois de naissance[40] qui voyagea dans sa jeunesse en Italie et subit à travers son ami Agasse, l'influence de l'Angleterre, a laissé quantité d'autres images ; on cite, entre autre, parmi ses œuvres de jeunesse, une *Brodeuse*, aux yeux noirs et aux joues vives, une *Liseuse*, coiffée d'un bonnet à la Charlotte Corday et la frimousse de Mlle Mégevand, sa belle-sœur. Chassé de Genève par les troubles révolutionnaires,

Massot auquel s'intéressait Mme Necker, fut recueilli par elle dans le canton de Vaud en 1794. La bonne châtelaine l'aida à se marier[41] et lui procura des commandes. Il la peignit à cette époque et sa fille un peu plus tard. Ce portrait de Mme de Staël, jeune femme, ne dépare pas la galerie des ravissantes effigies que nous a laissées le pinceau du peintre genevois[42]. Intermédiaire entre les images de l'âge ingrat et celles de la lourde maturité, il représente une svelte créature qui n'a pas encore atteint la trentaine. Le visage est ovale et fin, le nez délicat, les yeux clairs, l'expression douce de mélancolie et de rêve. La lèvre inférieure un peu épaisse de la bouche au tendre sourire, nous dit bien qu'il s'agit là de Germaine de Staël. Le cou est très fin, la poitrine réduite. La jeune femme est vêtue d'une robe en satin blanc ; un biais étroit passe sous les seins ; des liens rattachent les bouillonnés des manches et de la poitrine. Sur les boucles noires et ébouriffées en coups de plumeau, est posée une toque de satin un peu lourde, barrée de biais en diagonale, première esquisse des fameux turbans. Un gland tombe sur l'épaule, un shall descend sur les genoux. Les bras s'abandonnent sur l'appui raide du fauteuil… déroutante et troublante esquisse digne de Prudhon, délicieux visage que nous ne reverrons plus et qui dut être vrai un jour puisque Massot n'osa pas le répéter identique, plus tard.

La sveltesse de Mme de Staël passa bien vite et nous n'avons plus désormais d'elle que des images alourdies. Elle est assez belle encore dans le dessin à la sépia d'Isabey[43] daté de 1797 et conservé au Musée du Louvre[44]. C'est la trentaine opulente. Mme de Staël est représentée de face, en buste ; les longues boucles dénouées de ses cheveux, fixées par un lien autour du front, tombent sur ses épaules. Elle est vêtue d'une robe en mousseline que maintient une ceinture de velours. Un manteau de soie repose sur les épaules. Le visage régulier quoique lourd, ressemble plus aux portraits de Manon Roland qu'aux autres effigies de Germaine Necker. La comtesse de Pange en caractérise l'expression en ces termes : « Ce qui frappe dans la physionomie, c'est le contraste entre le haut et le bas du visage. Sous les paupières alourdies, filtre un regard chargé de rêve et de pensée, peut-être d'inquiétude. Mais un sourire de confiance erre sur la bouche et les lèvres s'entrouvrent comme pour aspirer toutes les promesses de la vie[45]. » Une réplique de ce dessin datée de 1810, se trouve au château de Coppet.

Mᵐᵉ DE STAËL EN 1797
Dessin d'Isabey
(Musée du Louvre)

Après ces portraits de l'adolescence et de la jeunesse, nous nous trouvons en face d'un groupe imposant d'images qui datent des alentours de la quarantaine, le temps de la gloire et de l'exil, celui qui va du voyage en Allemagne de 1803 à la grande année 1807, année de réceptions et de rupture. Elles nous présentent le modèle avec des nuances diverses, gardant toujours un aspect de fraîcheur et de jeunesse, malgré l'ampleur des formes. La première, en date, de cette période, serait, d'après le comte d'Haussonville, un portrait sans attribution, conservé à Coppet et qu'il identifie avec celui dont il est question dans une lettre de M. Necker, datée de mars 1804 et adressée à sa fille « On vient, dit l'ancien ministre, de m'apporter ton portrait ; je l'ai bien regardé et je le regarderai. » Mme Rillet crie : « Parfait, parfait pour la ressemblance » et moi je trouve qu'on l'a un peu gâté et qu'on a substitué, je ne sais comment, une teinte mélancolique à l'air animé qu'il avait[46]. » L'auteur de Delphine y figure, debout devant les arbres d'un grand parc, celui de Coppet sans doute, appuyé contre une balustrade de marbre, près du buste de son père. Un ciel d'orage et d'éclairs s'ouvre derrière elle ; à l'horizon s'estompe un bois, analogue aux lointains de Watteau. Mme de Staël apparaît ici, plutôt forte, sous un aspect campagnard et rustique sa poitrine grasse et découverte, soutenue par un lien très mince, a l'air de baigner dans une cuvette, ressemblance due à l'étoffe de la robe soie crème, semée de petites fleurs jaunes qui rappelle la facture des porcelaines de Nyon. Ses cheveux sans coiffure et fouettés par le vent d'orage, ressemblent à ceux d'un enfant qui se serait brossé à rebroussepoil ou à ceux d'une jeune bergère qui vient de se rouler dans la paille. Le teint est vivement coloré ; le portrait fut peint, au temps où Rœderer, dans une allusion désagréable, parlait de ces femmes qui sont grandes, grosses, grasses, fortes ; leur figure, disait-il, enluminée de trop de santé, n'offre aucune des traces que laissent toujours après elles les peines qui viennent du cœur[47]. » Ce visage, au nez rond et court, aux joues déjà délimitées par une ride commençante, ne manque pourtant pas d'une certaine grâce juvénile, surtout si on la regarde par en dessous ; on découvre alors une douce figure de jeune fille aux commissures délicates, au mélancolique regard, charmante encore pour une femme de trente-neuf ans.

Mme DE STAËL
Portrait anonyme
(Château de Coppet)

Pendant son voyage de 1805 en Italie, Mme de Staël fit la connaissance de l'artiste allemande Angélika Kauffmann qui la dessina. Le portrait exécuté alors, appartenait, en dernier lieu, au comte Primoli qui le légua par testament à la comtesse de

Pange, arrière arrière-petite-fille de Mme de Staël. Il a malheureusement été égaré par les exécuteurs testamentaires.

D'une époque un peu postérieure, doit dater un portrait dû à Marguerite Gérard[48], la belle-sœur de Fragonard, peintre délicieux des féminités du XVIIIe siècle, gardé au château de Coppet. Mme de Staël est représentée ici dans sa joie maternelle ; on peut dater ce tableau, grâce à l'âge d'Albertine, née en 1797 et qui paraît avoir huit à neuf ans. Le visage de Mme de Staël est plus allongé et plus fin que sur le tableau anonyme, les joues aussi rouges et comme passées à la cire. Les cheveux légèrement collés dépassent une draperie de mousseline, annonciatrice des fameux turbans. La robe de satin blanc à deux jupes fait songer à une toilette de mariée. Mme de Staël, qui a l'air d'une toute jeune mère, entoure de son bras la ravissante petite Albertine au doux visage languide, vêtue elle-même d'une robe en gaze azur, coupée de bandes soyeuses.

Mme DE STAËL ET SA FILLE
par Marguerite Gérard
(Château de Coppet)

Le grand portrait exécuté par Mme Vigée Le Brun[49], évoque encore la même jeune et douce figure au nez mutin ; les cheveux noirs envolés s'écartent sur le front blanc qui semble attendre un baiser. Mme Vigée Le Brun estimait que son modèle n'était pas joli mais que l'animation de son visage pouvait lui tenir lieu de beauté ; elle chercha avant tout à soutenir son expression en lui faisant réciter des vers de Corneille ou de Racine[50]. Mme Vigée Le Brun nous dit elle-même dans ses Souvenirs : « J'ai passé une semaine à Coppet chez Madame de Staël ; je venais de lire son dernier roman, Corinne ou l'Italie ; sa physionomie si animée et si pleine de génie, me donna l'idée de la représenter en Corinne, assise, la lyre en main, sur un rocher ; je la peignis sous le costume antique[51]. » Mme de Staël est vêtue, en effet, d'une tunique blanche et drapée dans un manteau couleur capucine, bordé de palmettes noires, au dessin renouvelé des vases grecs. Elle tient à la main une immense lyre dorée, pansue, timbrée d'un soleil. Les frondaisons de Coppet ne sont plus évoquées à l'arrière-plan, mais les hautes montagnes du Latium traitées à la manière de Léonard et le temple rond de Tivoli sur le sommet abrupt. Mme Le Brun avait rêvé d'abord d'y représenter le « golfe poétique de Naples. » Mme de Staël, conseillée par d'autres amis, imposa le paysage du Latium.

Mme DE STAËL
par Mme Vigée-Lebrun
(Château de Coppet)

Les critiques ne sont pas d'accord sur l'année où fut commencé ce portrait. Les uns, tels que Pierre de Nolhac, Charles Pillet, datent de 1808 le premier séjour de l'artiste à Coppet, suivant les indications des Souvenirs de Mme Vigée Le Brun[52]. La lettre VI qui évoque cette saison fait partie, en effet, du *Voyage en Suisse en* 1808 *et* 1809, série de lettres adressées à la comtesse Vincent Potocka, née Massalska[53]. M. Kohler estime, au contraire, qu'il y a là une erreur d'édition et qu'il faut placer en septembre 1807, la visite d'une semaine que Mme Vigée Le Brun fit à Coppet et la première esquisse du célèbre portrait[54]. Il s'appuie sur une lettre de Mme de Staël à Henri Meister, du 7 août 1807 « Pourquoi ne viendriez-vous pas, avec Mme Meister, à Coppet ? Nous y serons le 25 août à poste fixe. Je voudrais fort que Mme Le Brun vînt à Coppet. Je ne sais si j'oserais me faire peindre en Corinne par elle, mais Mme Récamier serait un charmant modèle. Dans tous les cas, la société de Mme Le Brun est aussi aimable que son talent et nous serions charmés de la voir et sur une autre du 18 septembre : «…Mme Le Brun a fait un portrait de moi qu'on trouve très remarquable. Elle l'a porté à Paris. Il est pris comme une sibylle ou comme Corinne si vous l'aimez mieux[55]. » Le texte même des *Souvenirs* indique qu'il s'agit de l'été 1807. Mme Vigée Le Brun signale, en effet, la présence à Coppet, en même temps qu'elle, du prince Auguste de Prusse, alors au plein de ses amours avec Juliette Récamier et qui n'y revint pas l'été suivant. Elle dit : « Je trouvai à Coppet plusieurs personnes établies, la bien jolie Mme Récamier, le comte de Sabran et un jeune Anglais, puis je vis arriver Benjamin Constant et le prince Auguste-Ferdinand de Prusse[56]. »

Une lettre de Mme de Staël à Mme Le Brun, citée en note dans l'édition des *Souvenirs*, peut servir aussi à établir cette correction. Bien qu'ayant reçu la date du 16 septembre 1808, elle doit être d'octobre ou novembre 1807. Mme de Staël y annonce, en effet, son prochain départ pour Vienne qui eut lieu le 23 novembre 1807 : « Je vais à Vienne passer l'hiver ; si je pouvais vous y être utile, donnez-moi vos commissions ; je les ferai très exactement ; il est bien juste que je vous rende un peu dans le réel de la vie ce que vous avez fait pour moi dans l'idéal[57]. »

Le portrait au décor pompeux, au visage émouvant, est donc bien, suivant toute vraisemblance, l'expression parfaite du grand été 1807, été de gloire extérieure et de souffrances intimes. Corrine avait paru au printemps. L'été, on joua les classiques sur les tréteaux de Coppet. L'artiste assista à une séance où fut représentée la Sémiramis de Voltaire ; Mme de Staël y tint le rôle d'Azéma[58]. Peu de temps avant le séjour de Mme Vigée, avait été donnée dans la grande galerie de Coppet, aujourd'hui aménagée en bibliothèque, la représentation d'Andromaque où Germaine de Staël avait laissé éclater les fureurs d'Hermione. Au début du mois de septembre, elle était venue rechercher et avait ramené de vive force l'amant lassé, réfugié à Lausanne chez sa cousine de Constant[59]. Celle qui criait ses reproches de jalouse et qui se roulait aux pieds de son amant en révolte, trouvait encore la grâce de sourire devant ses hôtes et devant son peintre. La jolie frimousse aux yeux clairs cherchant l'inspiration, pouvait encore séduire ; c'est la rage du joug seulement qui faisait donner par Benjamin Constant à son amie-ennemie, l'épithète d'homme-femme ; on comprend que le peintre de Marie-Antoinette ait pu négliger le charmant modèle qu'elle trouvait dans la personne de Mme Récamier et qu'elle ait préféré la figure passionnée de Corinne la tragédienne.

Mme Vigée Le Brun ne termina pas à Coppet l'ébauche qu'elle y avait commencée. Elle emporta le portrait à Paris pour le parachever ainsi qu'elle en convient avec son modèle dans une lettre dont nous devons la communication à l'extrême obligeance de la comtesse d'Haussonville :

« Je ne veux pas, Madame, laisser partir notre intendant sans me rappeller a votre souvenir ; j'allais justement vous écrire pour vous assurer encor des regrets bien sincères que j'ai éprouvé en vous quittant, mais j'avais promis à Mme de Bellegarde d'aller passer quelques temps à leur château des Marches[60], ce qui a retardé mon retour à Paris. J'ai eu bien soin de votre Corine ; elle est arrivée à bon port et je vous assure que le tableau est et sera un de mes favoris. Il ne m'aura procuré que du bonheur sans peine, mais aussi je vous promets que j'y mettrés tous mes soins pour le bien terminer car il faut qu'il soit le plus possible digne de son original : votre intendant, Madame, m'a fait part de ce que vos amis désirent dans le fond du tableau, le temple de Tivoli et les cascatelles au lieu du golfe de Naple que je voullois faire dans le lointain. Je vais y réfléchir. Comme j'ai fait l'un et l'autre d'après nature, si cela peut s'arranger avec la composition et les lignes que donne l'attitude, je ferai de prefference ce que vous désirez ; n'en doutez pas. J'attend aujourd'hui ou demain le tableau que j'ai envoyé pour regrandir en bas et des deux côtés, ce qui est une opperation qui a demandé un soin extrême et du temps, mais de suite je m'en empare et ne vous quitte pas ; tout le monde attend ma Corine avec une impatience extrême ; quelles que personne de mes amies l'ont entrevue à son déballé. Ils vous ont reconnu et j'ose le dire ils en sont déjà charmés. L'expression vous rapelle de toute manière. À dire vrai, il ne falloit pas vous peindre comme tout le monde. C'eut été manquer le but principal qui vous distingue tant et qui fait que l'on vous cherit avec raison et vérité.

Ne m'oubliez pas, je vous prie, madame ; moi, il m'est impossible d'oublier le séjour de Coppet. Rappelez-moi aussi, je vous prie, à tout ce qui vous entoure. S. A. R., assures le de mon respectueux souvenir. Mille tendre compliments à

Mme Récamier. Je prie aussi votre charmante petite de penser quelque fois à moi. J'en raffole ; elle est si belle, si aimable, si intéressante. En tout, je ne veux pas être oubliée même de vos amies qui étoient pressant lors de mon séjour. J'ai passé chez Mlle de Bouffers pour lui donné des nouveles de M. de Sabran mais elle n'y etoit pas. Mes compliments aussi à Oreste[61] et a M. vos fils.

Receves, Madame, l'assurance bien sincere de mes sentiments distingués et d'attachement avec lesquel je suis.

Votre tres humble
servante et dévoué

LE BRUN.

Je verrai incessament le graveur et j'aurai l'honneur de vous écrire à ce sujet mais je désire que le tableau soit encore plus avancé dans les accessoires[62]. »

Mme Le Brun garda le portrait plus d'un an. Le 9 janvier 1809, Mme de Staël le réclamait à Mme Nigris, fille de l'artiste : « Aurez-vous la bonté de me dire quand le portrait de Corinne me sera remis par Mme Le Brun ?[63] » Le 4 février, Mme Nigris excusait sa mère et la montrait toute occupée à vernir le tableau : « Ma mère me charge de vous dire, Madame, que crainte d'altérer les couleurs de votre portrait, elle n'a voulu le vernir que le plus tard possible ; c'est ce qui l'a obligée à le garder si longtemps ; elle compte vous l'envoyer à la fin de mars ou dans les premiers jours d'avril[64]. » Le tableau arriva à Coppet avec les beaux jours de juillet ; « J'ai enfin reçu votre magnifique tableau, Madame, et, sans penser à mon portrait, j'ai admiré votre ouvrage. Il y a là tout votre talent et je voudrais bien que le mien pût être encouragé par votre exemple, mais j'ai peur qu'il ne soit plus que dans les yeux que vous m'avez donnés[65]. »

Ce portrait fut payé 1.000 écus par Mme de Staël qui, un peu impatientée par les longueurs de l'artiste, ne voulut pas l'acquitter à l'avance. Un mandat payable le 1er septembre, fut envoyé le 14 juillet à la réception du tableau[66]. Mme de Staël semble avoir été d'abord un peu déçue par l'œuvre tant attendue, si nous en croyons Prosper de Barante. « Je savais bien, écrivait-il, que vous trouveriez ce portrait de Mme Le Brun mauvais et disgracieux[67]. » Mme de Staël changea sans doute d'avis car elle voulut bientôt avoir des copies du portrait.

Mme Vigée Le Brun exécuta à une date indéterminée une réplique à l'huile de son chef-d'œuvre. L'exemplaire aux dimensions les plus importantes fut légué par testament à Mme Necker de Saussure : « Je laisse, disait la mourante, à l'amie que je regarde comme ma sœur, Mme Necker, douze mille francs de France et mon portrait de Mme Le Brun qui est chez elle[68]. » Mme Vigée, elle-même, écrivit dans une note de ses souvenirs lorsqu'elle les publia en 1835, que son tableau est « chez Madame Necker, tante de Madame de Staël[69]. » Ce portrait fait maintenant la gloire du Musée des Beaux-Arts à Genève. Le portrait aux dimensions réduites, aujourd'hui au château de Coppet, revint d'abord au dernier amant avec une phrase de tendresse inscrite au verso : « À mon ami John, ce portrait fait dans ma jeunesse. Plût au ciel que mes premières années [sic] aussi heureuses que les dernières ! »

Dix ans avaient conduit cette femme si riche de vie à la vieillesse prématurée ; auprès du jeune Rocca, compagnon dévoué des heures finales, elle voyait surgir l'amer souvenir des scènes violentes et des inutiles cruautés.

Mme de Staël avait désiré d'autres reproductions encore. Miniatures, gravures étaient alors l'équivalent onéreux de nos multiples exemplaires photographiques. Mme de Staël avait d'abord voulu faire graver l'œuvre de Mme Le Brun : « Quant à la gravure, je m'en charge ici, dit-elle ; ce serait trop retarder le moment où je posséderai le portrait et d'ailleurs, tous nos arrangements sont faits à cet égard à Genève[70]. » Mme de Staël, entraînée par des frais de procédure, dut abandonner ce projet de gravure qui lui tenait au cœur. Le 9 janvier 1809, elle écrit à Mme Nigris : « J'ai renoncé, Madame, à la gravure du portrait de Madame votre mère ; c'est trop cher pour une fantaisie et je viens d'éprouver un procès considérable qui m'oblige à des ménagements de fortune[71]. » Mme Nigris approuve Mme de Staël et trouve scandaleux les prix demandés par les graveurs : « Je conçois parfaitement, Madame, que l'énormité des prix que demandent les graveurs, jointe à la raison que vous me mander, vous fasse absolument changer d'avis et que vous ne désiriés plus faire graver votre portrait. J'ai été bien étonnée des demandes qu'ont faites Mrs Desnoyers[72] et Tardieu[73], nos deux meilleurs graveurs ; je les trouve exhorbitantes[74]. »

Mme de Staël se contenta de reproductions en miniatures. Elle avait chargé Mme Nigris de cette exécution. Le 18 avril 1808, la fille de Mme Vigée Le Brun écrivait :

« Madame,

« Il a déjà quelques mois que je parois sans doute coupable envers vous d'une négligence impardonnable relativement à la commission que vous me donniez dans une lettre à M. de Maleteste dans laquelle vous me chargiez, Madame, de faire copier le Portrait que ma mère a fait de vous, mais le tableau n'étant pas encore achevé, je n'ai pu m'en occuper. Je me rappelle que vous en désiriez une miniature, mais je voudrois savoir de quelle grandeur vous la voulés. Faut-il ne faire copier que le buste ou tout le tableau entier ? Ou bien voulez-vous une demie grandeur ? C'est à dire buste avec les bras et les mains. Veuillez avoir la bonté de me faire savoir vos intentions et, en même temp, permettez moi, Madame, de vous demander s'il vous seroit indifférent que je fisse faire cette copie par un très fameux émailliste que nous avons ici et qui la feroit, je crois, d'autant mieux qu'il a déjà copié deux de mes portraits d'après ma mère ; ayes donc, Madame, la bonté de me faire savoir vos intentions le plus promptement possible ; ma mère, sous très peu de jours, aura entièrement achevé votre portrait et aussitôt que vous m'aurait fait savoir la grandeur dont vous désirez votre copie, on la commencera. Soyez convaincu, Madame, de tout le soin que je mettrai à ce qu'elle soit bien exécutée, puisque vous avez la bonté de m'en confier la direction…[75]. » Les miniatures désignées dans cette lettre sont conservées au château de Coppet. Dans leur orbe circulaire, la tête du portrait de Mme Vigée Le Brun est reproduite, inclinée sur le côté, les cheveux ébouriffés. Le manteau pétale de rose et non capucine est drapé sur une tunique à l'antique. L'un des exemplaires, dans son exquise finesse, possède la teinte mate habituelle des miniatures, l'autre, l'aspect glacé de l'émail. Ce dernier fut exécuté par le « très fameux émailliste » dont parle Mme Nigris. Une troisième miniature analogue, reliée avec les lettres de Mme Récamier et qui appartient au Docteur Lenormant, est l'œuvre du peintre genevois, Arlaud-Jurine, spécialiste de la miniature et de l'aquarelle[76]. Mme de Staël y est représentée, vêtue d'une tunique à la grecque, agrafée sur l'épaule droite, bordée d'une légère broderie rouge, un manteau rouge jeté sur l'épaule gauche, la gorge, la partie supérieure du bras droit découvertes. Comme dans le portrait de Mme Vigée Le Brun, les lèvres s'entr'ouvrent, la figure est pleine et arrondie, le regard inspiré ; la chevelure frisée recouvre la plus grande partie du front. La miniature est signée Arlaud pinx.[77]. Un dessin exécuté en vue de cette miniature, appartenant aujourd'hui à la *Société des Arts de Genève*, transforme Germaine de Staël en cariatide au cou puissant[78]. L'œuvre de Mme Vigée Le Brun inspira une autre imitation, un peu plus éloignée du modèle, où celui-ci est cependant encore reconnaissable. Nous voulons parler du crayon estompé d'Amélie Munier-Romilly, conservé au Musée des Beaux-Arts de Genève. La pose et le costume sont analogues à ceux du célèbre portrait, la tête, en revanche, au lieu d'être ornée seulement de ses cheveux bouclés, est coiffée d'un turban d'où tombe un pan terminé par une frange[79].

Il faut enfin noter une dernière reproduction, celle qui fut entre les mains de Prosper de Barante, gage d'amour comme le tableau envoyé à Ribbing. Le jeune homme désirait passionnément en 1809, avoir dans sa lointaine préfecture de Vendée, un portrait qui lui rappelât son amie. Il avait demandé à Mme Nigris une copie du tableau que Mme Vigée Le Brun terminait. L'affaire traîna longtemps[80]. Deux ans plus tard, il reçut le portrait désiré que Mme de Staël lui offrait elle-même : une miniature analogue à celles qui sont au château de Coppet. L'image chérie arrivait trop tard ; Prosper allait épouser une autre femme ; il envoya un remerciement mélancolique : « Il y a trois jours que votre portrait m'est arrivé avec une lettre assez bonne. Ce don que j'avais désiré depuis longtemps, les tristes circonstances où je le reçois, tout cela m'a pénétré le cœur, l'a ramené vers vous encore plus… Nous unir ? Je ne vous rendrais point heureuse, je ne le serais point[81]. »

Au groupe de portraits exécutés pendant les belles années de Coppet, on peut encore rattacher un dessin qui nous montre, une fois de plus, Mme de Staël dans un parc. Devant la futaie du jardin, près d'un buisson de roses, elle est assise, en robe blanche sur un banc et elle tient une fleur à la main : le turban, l'écharpe, les cheveux frisés sont ceux des reproductions habituelles ; l'originalité et la grâce de ce dessin viennent de son décor floral[82]. Le portrait présumé de Mme de Staël au musée de Lausanne nous semble beaucoup plus douteux. C'est une miniature de L. Comte, né à Payerne, dans le canton de Fribourg, et mort à Naples, qui représente une jeune femme maigre aux yeux bleus saillants ; le Vésuve apparaît à l'arrière-plan.

Les traits de Mme de Staël ne furent pas reproduits uniquement par les peintres. Le sculpteur allemand. Christian-Friedrich Tieck[83], fils d'un cordier, frère du poète Ludwig Tieck, les représenta aussi plusieurs fois dans le marbre, Mme de Staël et Tieck se connurent au cours du grand séjour de Weimar en 1803. Le sculpteur était déjà célèbre, grâce au buste de Gœæthe exécuté en 1801. Quand Mme de Staël pensa à terminer le mausolée qui abritait près du château de Coppet, le corps de ses parents conservés dans l'alcool et où elle désirait dormir aussi un jour, elle commanda à Tieck le bas-relief destiné à le parachever. Longtemps considéré comme une œuvre de Canova, ce morceau de sculpture, grâce à des textes récemment édités, ne peut être attribué maintenant qu'à Tieck. Il fut exécuté pendant le long séjour que le sculpteur fit à Rome de 1805 à 1808. En février 1806, Schlegel écrivait : « Le sculpteur Tieck termine actuellement un bas-relief pour le monument des Necker, sur la commande de Mme de Staël[84]. » Le bas-relief est vu dans l'atelier du sculpteur par Guattani : « Mme de Staël a voulu que le bas-relief la représente en pleurs, agenouillée devant l'urne qui renferme les chères dépouilles et le visage couvert. Comme ce voile exprime bien l'intensité de sa douleur ! Comme il en laisse deviner la profondeur ! Sans doute, la fille de Necker s'est-elle rappelé le voile d'Agamemnon, celui de César et elle eut peut-être en vue à ce moment, notre célèbre statue de Sainte-Cécile gisante de Maderna. Plus haut, le père s'élève de terre, tendant une main à sa fille comme s'il ne pouvait pas s'en détacher : par l'autre, il est attiré au ciel par sa chère épouse, décédée avant lui et déjà indigène de l'Olympe[85] ». Le bas-relief arriva à Coppet l'été de 1808. Mme de Staël écrivait à O'Donnel : « J'ai trouvé ici le bas-relief de Tieck pour les trois tombeaux de mon père, ma mère et moi ; ma mère prend mon père par la main pour le conduire au Ciel et lui, il jette un regard de bonté vers une figure à genoux et couverte d'un voile ; c'est vraiment très beau et tout sera prêt quand je l'aurai fait poser tout pour moi, si le sort et vous le voulez[86]. »

À l'automne de 1808, Tieck vient lui-même à Coppet ; après avoir orné la porte du tombeau où la morte devait dormir, le sculpteur regarda la vivante et il modela un buste charmant, poupin et frisé. La coiffure où un ruban plaque quelque peu les bouclettes rappelle celle de Joséphine. Mme Lenormant nous certifie la date de l'œuvre : « Dans l'automne de 1808, le sculpteur Frédéric Tieck, un frère du poète, vint à Coppet et modela le buste de Mme de Staël dont elle fit présent à la duchesse Louise. Il est placé aujourd'hui dans la Bibliothèque de Weimar et garde une expression de jeunesse dans les traits[87]. »

C'est en février 1809 que Mme de Staël fit cadeau de son buste en marbre à la duchesse : « Madame…, lui écrivait-elle, je vais prendre la liberté de vous envoyer une copie du buste que Tieck a fait de moi. Ce n'est pas en pierre que j'aimerais à me sentir auprès de vous, mais enfin je me mets ainsi à vos pieds[88]. » Si la réplique en marbre s'en alla en Allemagne, le plâtre original resta à Coppet. Une autre reproduction en bronze est au château de Broglie. Mme de Staël continua à s'intéresser à Frédéric Tieck, toujours « un peu pauvre quoiqu'il ait du talent[89] » ; Tieck séjourna à Coppet encore en 1809, 1815, 1816 ; il exécuta deux bustes d'Albertine de Staël[90], un de Rocca qu'il détruisit et une grande statue de Necker, aujourd'hui dans le vestibule du château de Coppet. À côté du buste de Tieck, un autre buste de Mme de Staël est aussi conservé à Coppet, œuvre peu ressemblante d'un anonyme qui l'a travestie en Melpomène voilée à l'antique, au maigre et anguleux visage.

Revenons aux peintres maintenant et à une dernière catégorie de portraits de Mme de Staël : ceux de la seconde maturité. L'expression juvénile va disparaître ; le modèle coiffera désormais le gros turban placé en arrière de la tête. Cette nouvelle catégorie s'ouvre par deux autres portraits de Firmin Massot. Les relations n'avaient pas cessé, en effet, entre la châtelaine de Coppet et le peintre redevenu genevois. Pendant le grand été de 1807, alors que Corinne était exaltée par Mme Vigée Le Brun, Massot peignait un charmant et curieux médaillon de Mme Récamier : tête penchée, boucles en touffe sur la tempe gauche, robe de gaze légère[91]. Entre 1810 et 1812, il exécuta deux portraits jumeaux de Mme de Staël. L'un est un fusain conservé à Coppet, l'autre un portrait en pied à l'huile, légué par Mme Récamier au prince Albert de Broglie[92]. En 1810, en effet, Mme de Staël allait poser à Genève chez Massot. Pour dissiper l'ennui de la séance, on faisait de la musique ; Amélie Romilly, l'élève du peintre, pinçait agréablement de la harpe. M. de Voght qui accompagnait Mme de Staël disait : « Le portrait sera ressemblant, sans cette exagération qui, parmi d'autres causes, dépare le portrait de Mme Le Brun[93]. » D'autre part, le portrait à l'huile a été reproduit par l'élève de Massot, Mlle Romilly, dans une lithographie qui porte la date de 1812[94]. Le portrait en buste de Coppet est exécuté au fusain estompé, relevé d'accents à la craie, procédé cher à Massot, quand il n'employait pas l'huile. Le turban roulé et plissé en accordéon est posé sur des cheveux assez souples par exception. La poitrine largement décolletée, garde dans la robe de satin blanc un mol abandon. Massot, malgré son idéalisme habituel, a été forcé d'épaissir la délicieuse créature qu'il avait peinte une dizaine d'années auparavant et il fait même reparaître un peu de cette allure populaire que le peintre anonyme avait donnée à la châtelaine de Coppet. Avec ses boucles aguichantes, son sourire de provocante malice, Mme de Staël ressemble ici à une aimable vivandière, à une piquante dame Sans-Gêne.

Mme DE STAËL
par Firmin Massot

Le second portrait, peint à l'huile par le même Massot, reproduit une pause analogue (la tête un peu inclinée sur l'épaule droite), un turban façonné dans le même style. À côté des analogies, il y a, entre le portrait à l'huile et le fusain, des différences de dimension et de toilette. Au lieu d'un buste, nous avons un personnage jusqu'aux genoux. Mme de Staël drape un châle sur ses épaules. Les traits de son visage sont plus accentués, l'âge commence à se faire sentir. Ces deux derniers Massot, contemporains d'une émouvante époque, nous rappellent le dernier amour de Mme de Staël. C'est à l'automne de 1810, en effet, que commence la romantique passion de John Rocca, le jeune officier blessé, pour la femme déclinante. C'est à l'automne de 1810 que Mme de Staël va poser chez Firmin Massot[95]. À Rocca s'adressait sans doute le joli sourire des yeux et de la bouche prometteuse, dans ces portraits où la jeunesse survit par la chaleur pénétrante de l'expression.

La persécution pousse maintenant la grande voyageuse sur les chemins de l'exil, les peintres étrangers tiennent à fixer ses traits. C'est en Russie que Mme de Staël fit sa première halte. Le musée de Léningrad conserve une miniature dite « La belle inconnue » qui passe chez les Russes pour être le portrait de Mme de Staël. C'est l'œuvre du peintre Borovikovsky[96] qui vécut de 1758 à 1825. La femme du portrait à la figure très brune, aux yeux un peu durs, n'a pas les traits habituels de Mme de Staël. Elle porte de riches et lourds bijoux russes, une robe bleue, un stall jaune. Sur le fond de toile s'élève l'effigie de la grande Catherine.

En Angleterre, où elle se rendit ensuite, Mme de Staël posa devant Thomas Phillips[97], peintre alors à la mode qui exécuta les portraits de beaucoup de personnages célèbres. Cette curieuse et extrêmement expressive image de Mme de Staël, datée de 1814, appartient à la comtesse de Pange[98]. Il la représente dans un moment de fatigue et de dépression profonde, épuisée par la naissance de son enfant tardif, par ses longs voyages, navrée peut-être par les querelles passagères survenues au travers de sa tendre liaison avec John Rocca[99], désolée par la mort lamentable de son fils Albert, tué en duel le précédent été. C'est la seule œuvre de la maturité qui la montre de profil. Le visage apparaît décharné, la joue profondément creusée, la bouche saillante, le nez accusé, les yeux sombres, souffrants, presque moribonds. La pauvre tête est coiffée du turban de la plus belle espèce, empanaché de plumes d'autruches. Nous sommes à trois ans de la mort…[100].

Mme DE STAËL
par Thomas Phillips
(Bil. nat. Est.

Et voici venir maintenant le portrait du dernier automne, la miniature que Pierre-Louis Bouvier[101] exécuta à Coppet en 1816. La date ne fait aucun doute. La *Gazette de Lausanne* du 8 août 1817 dit, en effet « M. Bouvier, peintre en miniature distingué, vient de terminer une gravure d'après un portrait de Mme de Staël qu'il fut appelé à peindre l'automne dernier. » Ce joli bijou si soigné, aux teintes blanches et roses : rose de fleurettes brodées au plumetis sur le turban et sur la robe de mousseline, teinte cerise clair de la grande écharpe, est une suprême relique. Elle clôt et scelle le dernier grand été de Coppet, celui qui vit venir une affluence extraordinaire de visiteurs étrangers au nombre desquels se trouvait lord Byron. Elle est contemporaine des suprêmes règlements de compte : le mariage avec Rocca et le dernier testament. Quand on examine la miniature en tant que portrait, elle ne séduit pas complètement. Le turban garni de trois plumes ressemble trop à une pièce d'ameublement ou à un catafalque immaculé ; les cheveux paraissent avoir été réunis par des bigoudis sans grâce ; le visage n'a pas l'aspect maladif du dessin anglais ; les traits sont lourds, le double menton se dessine fortement mais quand on regarde longuement les beaux yeux expressifs et bons, on subit un dernier charme et on partage l'avis des contemporains qui aimaient ce portrait, tout en le trouvant très ressemblant. Henri Meister, qui écrivit une notice sur lui, dit en effet : « On doute qu'il soit possible de voir un portrait de Mme de Staël plus ressemblant que celui qu'en a fait Bouvier et c'était une tâche difficile, parce que le caractère de sa physionomie tenait bien moins à la forme de ses traits, qu'à l'intéressante mobilité de leur expression, au charme éloquent de ses regards, à la finesse ainsi qu'à l'aimable douceur de son sourire. C'est ce que le talent de l'artiste paraît avoir su retracer aussi fidèlement que le pouvait rendre la magie d'un pinceau comme le sien. » Meister, dans la même notice, fait l'éloge, au point de vue physique et moral, de Mme de Staël arrivée à la cinquantième année « Il était impossible de voir et d'entendre Mme de Staël, sans être frappé du caractère spirituel et vrai de sa physionomie. Les formes de son front, de tout le haut du visage, conservaient toujours l'air de jeunesse le plus intéressant. La vivacité des yeux peignait tout à la fois la profonde chaleur de son âme et l'étonnante mobilité de son imagination. La bouche s'embellissait du charme de tous les sentiments qu'elle exprimait Elle avait un si grand fond d'esprit naturel et de ressources acquises que ce n'est jamais aux dépens des autres qu'elle tâchait de briller. En général, l'incomparable bonté de son cœur fut encore au-dessus de toutes les qualités de son esprit…[102] » C'est grâce à cette expression de bonté tendre et fervente, que la miniature de Bouvier attache, après une longue contemplation[103], tous ceux qui ont le bonheur de la regarder au château de Coppet.

Nous arrivons enfin aux portraits posthumes. Mme Basily-Callimachi nous dit qu'Isabey se servit des esquisses qu'il avait faites de Mme de Staël à différentes époques de sa vie pour exécuter un dernier portrait à la sépia. Dans cette œuvre qui appartint au docteur Oulmont et qui a été léguée par lui au musée d'Épinal, on retrouve certains traits du dessin du Louvre, qui date de la jeunesse de Mme de Staël, Ce sont les mêmes boucles tombantes, la même robe blanche, mais le corps est devenu plus épais, les yeux restent mis clos, dolents, l'expression affaissée. Mme de Staël est assise devant une bibliothèque près du buste de son père[104].

Le portrait de Gérard a une toute autre célébrité. Quand Mme de Staël fut morte, la duchesse de Broglie voulut faire revivre une dernière fois les traits de sa mère. Elle s'adressa à François Gérard[105], le peintre fécond et varié, l'évocateur de batailles et le portraitiste de toute une époque qui avait déjà reproduit les traits de Mme Récamier. Le peintre s'inspira des documents et des indications qui lui furent procurés. La duchesse de Broglie lui prêta la miniature de Bouvier, Mme Récamier[106] le dernier Massot. L'œuvre que Gérard réalisa, satisfit la duchesse de Broglie au moins officiellement et le peintre reçut de celle-ci, en récompense, un manuscrit des *Considérations sur la Révolution*.

Ce portrait, pourtant, le plus connu de ceux qui représentent Mme de Staël, n'est pas certes le plus flatteur et le plus attachant. Il apparaît pompeux, solennel et d'une facture sèche, glissant comme un mur ripoliné. La tête de Corinne est coiffée d'un turban énorme, le plus épouvantable de tous, un vrai pouf à sofa. La robe puce et criarde, le shall noir n'ont plus la grâce des satins blancs antérieurs. Les traits paraissent à la fois pesants et durcis, les épaules énormes et massives. Étrange contraste ! Le pinceau de Gérard, évocateur charmant des grâces souples de Juliette et de Joséphine, nous a donné le seul portrait où Mme de Staël ait un aspect vraiment hommasse. Ce tableau dont une réplique existe au château de Broglie et que l'on croirait fait pour une *Galerie de femmes illustres*, s'accommode moins que les crayons de Massot ou de

Carmontelle, du charme intime de Coppet. L'année où il fut peint, le graveur Largier le reproduisit à son tour.

À Grevedon[107], peintre des gens de lettres en vue et élégants, on doit un troisième portrait posthume de Mme de Staël, conservé aujourd'hui au musée d'Albi. Le costume du modèle y est singulier, le turban, évasé comme un tronc de cône, semble plus énorme que tous ses jumeaux. Les manches gigot ont déjà une allure Louis-Philippe. Au cou est nouée une écharpe claire à raies.

Il ne suffit pas aux artistes de peindre la femme de lettres en costume de ville ou de soirée. Ils voulurent l'évoquer, incarnant les héroïnes de ses propres romans, en des scènes où ils groupèrent les enfants de son imagination. Une bien curieuse aquarelle de Degeorge[108], peinte en 1810, représente au château de Barante, les adieux d'Oswald à Corinne. Corinne, qui a les traits de Mme de Staël et une mine de souffrance, défaille dans un fauteuil. Ce mince jeune homme en noir, à genoux à ses pieds, c'est Oswald ou plutôt Prosper de Barante, qui fut, pour la romancière, à la fois l'objet d'un sentiment douloureux et le prototype de son héros littéraire. Le père de Barante a ordonné à son fils un raisonnable mariage ; il va s'éloigner mélancolique et soumis[109].

De dimensions autrement considérables, la grande composition académique où Gérard a représenté Corinne au Cap Misène, est sortie d'une inspiration du même ordre. L'initiative de cette œuvre est due au prince Auguste de Prusse qui voulait un tableau tiré de Corinne où l'héroïne du livre serait représentée sous les traits embellis de Mme de Staël[110]. Mme Récamier servit d'intermédiaire entre le prince et les peintres. La commande fut adressée d'abord à David qui exigeait 40.000 francs de rétribution et dix-huit mois de travail[111], la préférence donnée enfin à Gérard qui demandait seulement 18.000 francs et quinze mois de labeur. Ce tableau peut être considéré à certains points de vue, comme une reprise du portrait de Mme de Staël par Mme Vigée Le Brun en 1807. Les deux toiles ont un paysage latin comme arrière-plan. Mme Vigée-Lebrun évoque Tivoli et la région romaine, Gérard la baie de Naples, le Vésuve fumant, les montagnes de Sorrente au crépuscule, le ciel strié d'éclairs, la mer houleuse, premier projet délaissé par l'artiste femme. Sainte-Beuve et Guillaume Schlegel ont accordé à Mme de Staël, à propos de ces tableaux, l'honneur d'avoir ajouté sa nuance personnelle à l'école de peinture antique. D'après Sainte-Beuve, la lettre à Fontane a produit en France toute une école romaine[112]. Mme de Staël, la première, s'inspira de l'exemple de Chateaubriand ; son imagination en fut piquée d'honneur et fécondée. Elle décrivit par la plume les beautés de la campagne romaine et les fit reproduire par les artistes qu'elle inspira. Guillaume Schlegel parle des résurrections antiques affectionnées par la principale héroïne de Mme de Staël[113]. Mme Vigée Le Brun et Gérard ont voulu, en effet, peindre Mme de Staël sous les traits de Corinne ; tous deux l'ont vêtue d'une robe à l'antique, enveloppée d'amples draperies ; tous deux lui ont donné en main une lyre. Les deux œuvres, cependant, divergent d'une façon notable. Dans le tableau de Mme Vigée Le Brun, Mme de Staël est représentée seule ; Gérard, au contraire, a groupé auprès de Corinne, les autres personnages du roman en costume moderne, Oswald au ténébreux visage, crispant ses mains sur le bord de son chapeau, les deux Anglaises en capote, le capitaine de vaisseau, vieillard au faux-col montant, un Albanais d'allure efféminée, une paysanne italienne, de silhouette raphaélique. Le costume à l'antique de l'héroïne apparaît dans le tableau de Gérard plus tumultueux que dans celui de Mme Le Brun ; la draperie boursoufle au lieu de tomber ; la lyre énorme s'alourdit démesurément. La comparaison entre les physionomies est encore plus significative. Malgré l'affabulation déjà théâtrale de l'ensemble, le doux visage irrégulier que nous a conservé Mme Vigée Le Brun est vraiment un portrait ; il ne reste, au contraire, à peu près plus rien de la vivante héroïne dans le masque trop sculptural que peignit cette fois le baron Gérard. Consciencieusement il a idéalisé, jusqu'à la rendre inintéressante, celle qu'il avait restituée précédemment avec une raideur cruelle. L'ardeur vaporeuse des yeux et l'ampleur des épaules que dévoile la grande échancrure de la tunique, peuvent seules rappeler la véritable Corinne. La grande composition de Gérard, achevée en 1819, fut exposée au Salon de 1822 et durement critiquée par Thiers, académique au maximum, qui la trouvait trop dépourvue de « grandeur » et de « noblesse extérieure ». Le prince Auguste la donna à Mme Récamier qui la légua à son tour à la ville de Lyon[114]. Une réplique du tableau diminuée fut exécutée à la demande de Louis XVIII pour Mme du Cayla en 1828[115]. Des gravures de Bertonnier et de Prévost rendirent ces deux exemplaires accessibles à la foule.

Mme DE STAËL
par François Gérard
(Château de Coppet)

Les traits de Mme de Staël qu'évoquèrent si souvent les peintres et les sculpteurs, ont connu, en effet, grâce à la gravure, une grande popularité. Rappelons ici les reproductions plus ou moins littérales des tableaux d'abord la lithographie d'Amélie Romilly qui reproduisit le dernier portrait de Massot et qui porte comme suscription : *À G.-L. Necker, baronne de Staël, Massot à Genève en* 1812, *Amélie M. R. Del.* ; ses contours sont un peu mous et ses teintes argentées[116]. Citons ensuite la gravure que Bouvier exécuta d'après sa miniature de 1816 et à laquelle il donna l'intitulation suivante : « Portrait de Mme de Staël peint par P.-L. Bouvier, d'après nature, à Coppet en 1816 et gravé en 1817, dédié à la duchesse de Broglie, en vente chez l'auteur à Genève. » Elle diffère un peu du prototype ; on peut noter, comme variante, la bibliothèque qui sert de fond à la gravure et que l'on ne trouve pas dans la miniature[117]. Suivant les exemplaires, les livres qui font l'originalité de cette estampe, apparaissent plus ou moins en vue[118]. Le portrait posthume de Gérard fut gravé, comme nous l'avons dit en 1817, par Largier, ensuite par vingt autres auteurs au moins, français et anglais[119], les deux répliques de *Corinne au Cap Misène* par Bertonnier[120] en 1819 et Prévost[121] en 1828. Le tableau de 1819 fut aussi lithographié par Aubry Lecomte[122]. Ces gravures tempêteuses de *Corinne au Cap Misène*, leurs blancs et leurs noirs, en tranchants contrastes, plurent aux temps romantiques. Dans plus d'un salon, noble ou bourgeois, Corinne fut ainsi déifiée.

Les images gravées de Mme de Staël sont bien plus nombreuses encore. La Bibliothèque nationale[123], les bibliothèques de Genève en présentent toute une variété. À côté des œuvres solennelles, d'autres petites gravures firent connaître Mme de Staël sous un aspect plus ou moins fantaisiste. La comtesse de Pange en possède une collection charmante. Quelques-unes sont très fines, dans le style Restauration. Mme de Staël apparaît sur un exemplaire de cette catégorie, en robe violette et turban, assise près d'une table où repose un encrier garni d'une superbe plume d'oie. D'autres gravures provenant de la même collection, d'aspect naïf et amusant, montrent une Mme de Staël avec des épaules énormes, des bras écartés du corps, une figure sans expression.

Germaine Necker avait connu de bonne heure cette popularité de l'image, si on accepte l'attribution donnée à une jolie gravure, appartenant aussi à la comtesse de Pange, et qui représente Mme Necker visitant avec sa fille un pauvre logis. Mme Necker soutient une malheureuse alitée qui lève les bras au ciel dans un geste tragique. La petite Germaine se tient debout près du lit ; elle porte une robe d'apparat et une énorme jupe bouffante qui a bien dû la gêner pour monter l'escalier de la mansarde. Une estampe attribuée à Debucourt, intitulée *Conférence de Mme de Staël*, nous montre Mme de Staël entourée de ses amis, vers 1800[124].

Sitôt la mort de Mme de Staël, son image illustra des périodiques[125], des ouvrages[126], et se multiplia en lithographies. Elle orna même des calendriers[127] et des objets. Une dévote de Corinne, qui voulait emporter au bal l'abrégé d'un grand tableau, déployait un ravissant petit éventail de papier monté sur ivoire, où l'on avait reproduit avec de vives couleurs décoratives, la scène de *Corinne au Cap Misène*[128]. Ce fétichisme n'aurait pas trop étonné Mme de Staël puisque, de son vivant, elle s'était fait représenter sur un sucrier. Elle avait fait peindre, en effet, par Jean-Pierre Mülhauser[129], un service où le château de Coppet figurait sous toutes ses faces. Les deux sucriers étaient ornés par l'image de Necker et par celle de Mme de Staël, telle qu'elle figure dans le crayon de Massot. Le service était un cadeau destiné à M. Massé-Diodati de Genève qui devait ainsi penser à l'aimable châtelaine de Coppet, chaque fois qu'il sucrait son café [130]. Quoi qu'il en soit, la multitude et la variété de toutes ces images nous font saisir, sur le vif, l'étendue de la gloire de Mme de Staël et l'affection du très grand public pour ses traits.

Mme DE STAËL
Service peint par Jean-Pierre Mülhauser
(Appartient à Mlle Guiguer de Prangins)

Après avoir passé en revue les documents iconographiques que nous venons d'énumérer, il nous semble qu'en les confrontant avec les jugements des contemporains, nous voyons se dégager les traits et les particularités de Germaine : Petite pour son âge à douze ans[131], d'une taille moyenne ensuite, d'après le témoignage de Werner[132] et de Henriette Knebel[133], elle fut mince dans sa jeunesse, maigrillote même sur le portrait de Carmontelle ; élancée encore sur le premier Massot, elle devint opulente aux alentours de la quarantaine. Sans être absolument grosse et grasse, trop pleine de santé ainsi que le dit Roederer[134], elle nous apparaît plutôt comme une déesse en plein épanouissement sur les portraits qui furent peints aux alentours de 1807. Les épaules qu'elle aimait à découvrir, sont larges et triomphantes sur celui de Mme Vigée Le Brun ; elles deviennent hommasses et moins plaisantes sur le Gérard posthume. Plusieurs années auparavant, un contemporain, Mallet, semblait choqué de voir une femme, comme elle, déjà d'un certain âge, montrer des épaules et une gorge que les années avaient altérées[135]. Les seins, très petits et bien soutenus sur le premier Massot, sont plus gras dans le portrait anonyme de 1803, très dessinés sur celui de Mlle Gérard, plus abandonnés sur le fusain de Massot ; le portrait posthume de Gérard les représente de nouveau serrés dans le façonnage de la robe.

On vantait généralement les beaux bras de Mme de Staël et ses mains lisses. Les bras apparaissent maigres encore sur les portraits de la première jeunesse comme le Carmontelle, sans défaut et minces sur le portrait de Mile Gérard, ronds et creusés de fossettes avec des mains un peu courtes sur l'anonyme de Coppet, de nouveau lisses, couleur d'ivoire sur celui de Mme Vigée Le Brun où les petites mains fuselées voltigent.

Essayons, malgré la difficulté qu'il y a à saisir la mobilité vibrante et diversement interprétée, de caractériser aussi le visage irrégulier et expressif de Germaine de Staël. Le nez est retroussé dans le profil de Carmontelle, fin et plus droit chez Mlle Gérard. Massot et Mme Vigée Le Brun esquissent un délicat retroussis et des narines frémissantes, le baron Gérard, au contraire, un nez tombant presque aquilin. Le nez n'était peut-être pas parfait, la bouche sûrement plus défectueuse. Carmontelle dessine des lèvres un peu grosses de négresse. La bouche apparaît couleur de cerise et sinueuse, assez épaisse encore chez l'idéale Vigée Le Brun, triste et accusée, la lèvre inférieure avançante dans le portrait du baron Gérard. L'arrondi du visage est figuré assez large dans tous les portraits. Le double menton, annoncé déjà par une courbe grassouillette chez la petite fille de Carmontelle, n'est dissimulé par aucun des peintres de la maturité.

La carnation de Mme de Staël n'est pas vantée en général. À douze ans, son teint était brun d'après Mlle Rillet[136]. À dix-neuf ans elle se plaint elle-même d'avoir perdu sa fraîcheur[137] ; sept ans plus tard, Bollmann lui trouve le teint un peu cuivré[138]. Henriette Knebel parle en 1803 d'un visage noirâtre[139], Mme de Boigne d'une grosse figure rouge sans fraîcheur[140], Mallet d'un mauvais teint[141]. Les peintres reproduisent le teint aux couleurs vives ou fardées. C'est Mlle Gérard et l'anonyme de 1803 qui en ont accentué le plus l'éclat violent. Les cheveux étaient longs et châtains à douze ans[142] ; ils ne s'ajustent disciplinés que dans la haute coiffure de Carmontelle. En 1790, Mme de Staël passait de longues heures chez la marchande de mode qui lui arrangeait les cheveux, si longues que M. de Staël les tenait pour un alibi des rendez-vous avec Narbonne[143]. En 1794, Mme de Staël portait encore des boucles poudrées tombant sur les épaules ; au temps du premier Massot elle a renoncé à la poudre et aux cheveux flottants ; ses bouclettes noires se hérissent comme celles d'un enfant brossé à rebroussepoil. Ce sont bien les « crins noirâtres[144] » dont parle Mme de Charrière, les cheveux noirs et mal arrangés, dont il est question dans les souvenirs de Mallet[145]. Isabey, au contraire, a représenté les longues

« boucles ondoyantes » que décrit Guibert[146]. Dans le fusain de Massot, les cheveux apparaissent souples comme si un peu de shampoing les avait rendus plus légers. À la fin de sa vie, Mme de Staël renonce aux cheveux ébouriffés et noués négligemment. Sur le portrait du baron Gérard, elle porte une couronne de boucles extrêmement régulières. On dirait que le coiffeur vient d'en retirer la baguette.

S'il n'y a aucune divergence d'idée sur la nuance des cheveux de Mme de Staël, les témoins ne sont pas d'accord sur celle de ses yeux. Guibert[147], Lamartine[148], Mallet[149], et beaucoup d'autres parlent de leur couleur noire. Mme Necker nous apprend que la petite Germaine avait en naissant des « beaux yeux bleus d'une couleur pure comme celle du ciel »[150]. Chose étrange, les peintres ont tous reproduit les yeux clairs de la première enfance : pâle transparence du premier Massot, yeux verts de Mme Gérard, yeux verts de Mme Vigée Le Brun, iris vert clair cerclé de noir, seule beauté véritable exprimée par le baron Gérard. Quelque fût la couleur de ces grands yeux, tous ont vanté leur magnificence. « Elle n'a guère de beau que les yeux, disait Wieland[151] ». À la première rencontre, Mme Récamier se sentit frappée par eux[152]. « Tout l'esprit de Mme de Staël était dans ses yeux qui étaient superbes, disait Chênedollé »[153]. Le dernier éloge accordé à ces yeux splendides quand ils moururent, leur fut donné par Chateaubriand lorsqu'il vint dire adieu à l'agonisante : « Son beau regard me rencontra dans les ténèbres » et elle me dit : « Bonjour my dear Francis. Je souffre mais cela ne m'empêche pas de vous aimer »[154].

Les contemporains, sévères souvent, nous l'avons souvent déjà constaté, pour le physique de Mme de Staël, ne sont pas plus indulgents pour ses toilettes. Mme Necker de Saussure ne vous dissimule pas leurs négligences : garniture détachée, bonnet oublié[155]. Quand Mme de Staël fut présentée à la cour de Louis XVI, un « falbala de sa jupe » se dérangea juste au moment de la présentation. La Reine fit appeler Mlle Bertin, pour réparer cet accident[156]. D'autres esprits critiques reprochent à Mme de Staël son mauvais goût. « Elle a absolument l'air d'une femme de chambre » estime Gouverneur Morris[157]. Le jour de sa première rencontre avec Bonaparte, elle portait une toilette éclatante et ridicule. Mme de Monterson la reçut chez elle après la disgrâce de Benjamin Constant, engoncée dans « sa grosse robe de satin gris ardoise »[158]. Une certaine gaucherie de mouvements pouvait ajouter au ridicule de ces costumes[159]. Seule, la grande duchesse de Weimar estime que Delphine venait au bal avec des toilettes d'un goût parfait[160].

Suivant l'habitude des grandes dames de l'Ancien Régime, Mme de Staël ne craignait pas de s'habiller en public ; elle faisait sa toilette « en présence des jeunes messieurs qu'elle recevait familièrement[161] » ; devant un Allemand bien poudré, habillé de noir des pieds à la tête, elle se montra en jupon court et en simple chemise[162] ; la nuit où Benjamin Constant s'empoisonna, elle apparut, vêtue d'un manteau mal boutonné et coiffée d'un bonnet. Norvins nous décrit la cour qui assistait à son interminable toilette. Mme de Staël parlait, parlait pendant deux heures au moins, « dérangeant toujours tout ce que sa femme de chambre refaisait sans cesse à sa coiffure, quand, dans l'abandon de la conversation, la tête de sa maîtresse ne lui échappait pas toute entière ». Le soir elle recevait près de son lit ; ses gestes animés découvraient la perfection de son bras et de son cou[163].

Mme de Staël avait aussi le goût perpétuel des grands décolletés qu'elle gardait même en plein jour et dans toutes les circonstances de la vie. Mme de Boigne la rencontra à Lyon, dans une chambre d'auberge à midi, vêtue d'une tunique de mousseline blanche, les « bras et les épaules nus », sans châle et sans écharpe ni voile d'aucune sorte[164]. En excursion de montagne, elle s'en allait aussi, les bras et les épaules découverts et elle s'en revenait brûlée de coups de soleil[165].

Sauf sur les tout premiers portraits,. les toilettes de Mme de Staël affectent toutes une forme plus ou moins antique, suivant l'usage de l'époque. À ce point de vue, Germaine Necker fut un précurseur. Quand elle était enfant, nous l'avons déjà dit, elle parcourait les bois, habillée en nymphe ou en muse[166]. Sur la petite aquarelle de sa quinzième année, elle a revêtu une tunique blanche de forme romaine. Ce n'était à cette époque que jeu et déguisement. À partir de 1795 seulement, la mode générale s'inspira de l'antiquité. Les tailles courtes apparurent et les longues robes flottantes. Mme de Staël est ainsi représentée désormais sur tous ses portraits.

Certaines de ces robes ont encore cependant un aspect façonné. Les manches sont compliquées, bouillonnées, rattachées par une lien dans le premier Massot, réduites à de petits mancherons ballonnés dans le pastel du même Massot, la miniature de Bouvier, le portrait du baron Gérard. L'étoffe est tendue toute droite sur les seins dans l'anonyme de 1803 et le portrait de Mlle Gérard, froncée en biais dans le pastel de Massot et la miniature de Bouvier, croisée, plissée, rattachée par un lien dans le portrait du baron Gérard. La ceinture se trouve là plus large et agrafée par un camé. L'étoffe et la décoration de ces toilettes varient souvent ; le satin blanc miroite très souple dans les deux premiers Massot et dans le portrait de Mlle Gérard où Mme de Staël ressemble à une jeune mariée. Les étoffes à fleurs apparaissent chez l'anonyme de 1803 et sur la miniature de Bouvier. Parmi ces claires toilettes, la robe cuivrée du baron Gérard fait seule un sérieux contraste. Une broderie en rinceau contourne la berthe du portrait anonyme ; une frange semblable à une bordure de tapis tourne au bas de la première jupe, sur le portrait de Mlle Gérard.

Les shalls drapés sur les bras accompagnent presque toujours les toilettes de Mme de Staël. C'est une particularité habituelle à l'époque. Vers 1797, les châles de l'Inde commencèrent à faire fureur[167]. Sur le portrait anonyme de 1803, nous voyons le plus beau possible, couleur chaudron, brodé de grappes en soie de plusieurs couleurs où la teinte groseille domine, sur celui du baron Gérard, un autre plus sévère, noir, bordé d'un galon aux orientales multicolores. Bouvier fait pendre sur l'épaule de son modèle une écharpe en velours rubis, Mme Vigée l'enveloppe dans une draperie antique. Les turbans que Mme de Staël enroula souvent sur sa tête étaient faits avec des écharpes plus étroites en tissus analogues. Celui qu'elle porte sur le portrait du baron Gérard est composé de deux étoffes, l'une blanche, l'autre ornée de dessins orientaux. Les cadavres de ces turbans, jaunes, rouge cerise et vert olive, dorment dans des coffres de verre au château de Coppet. La mode des turbans n'est pas particulière du reste à Mme de Staël. Une gravure de mode de l'an 1803 nous en montre déjà. Germaine, elle, s'en coiffa, à l'imitation de la Sibylle du Dominiquin qu'elle avait admirée pendant son voyage en Italie. Elle en parle elle-même dans son livre de Corinne : « [Corinne] était vêtue comme la Sibylle du Dominiquin ; un châle des Indes tourne autour de sa tête ». On se rappelle que sur le premier Massot, antérieur au voyage d'Italie, Germaine de Staël porte une sorte de toque entourée d'une torsade, sur celui de Mlle Gérard un voile drapé. Mme de Staël se servait aussi de chapeaux pour les courses de tout aller. Le matin où elle accourut pour la première fois chez Mme Récamier afin de conclure l'achat d'une maison, elle portait avec une robe du matin, « un petit chapeau orné de fleurs » qui lui donnait une allure d'étrangère[168]. Le portrait donné à Ribbing et le dernier dessin d'Isabey, nous apprennent que Mme de Staël aimait les jolis souliers. Nous les voyons effilés, carrés du bout, en satin bleu ciel sur le premier tableau, en satin noir, maintenu par des rubans croisés, sur l'autre.

Si elle admettait quelquefois les toilettes de tout le monde, Mme de Staël avait aussi le goûts des déguisements. Nous avons vu quelle passion précoce elle eut pour les costumes d'allure plus antique encore que la mode ne le comportait, passion augmentée par les beaux souvenirs qu'elle rapporta de son voyage d'Italie. Elle était vêtue « à mi-chemin entre la mode et la convention[169] » nous dit Guillaume Schlegel. Nous savons comment Mme Vigée Le Brun la représenta en Corinne, habillée à la Romaine, vêtue d'une tunique blanche complètement décolletée, les manches relevées par une agrafe de métal, enveloppée d'une grande écharpe couleur puce, bordée de palmettes analogues aux décorations des étoffes et des vases antiques, comment dans son tableau de *Corinne au Cap Misène*, le baron Gérard a costumé son héroïne à la mode latine d'une tunique croisée dans le dos et d'une ample draperie.

Mme de Staël aimait aussi les costumes de théâtre ; elle joua souvent la tragédie. En draperies antiques, elle remplit le rôle de Phèdre et celui d'Hermione ; elle revêtit alors la pourpre royale digne de Racine ; dans la pièce biblique d'Agar, elle joua, enveloppée d'une simple étoffe brune ; en vêtements d'Espagnole, elle figura Alzire l'Américaine[170]. Un Zurichois potinier raconte qu'à un grand bal donné en cette ville à Mme de Staël, elle vint en pantalon couleur de chair bien collé à la peau, recouvert d'une simple gaze, telle qu'on en vit aux danseuses de l'Opéra de Psyché[171].

Une autre habitude de Mme de Staël était de tenir constamment un objet à la main, tantôt une feuille de papier, tantôt une branche de feuillage. C'est ainsi qu'elle apparut à Lyon devant Mme de Boigne[172] et devant Chateaubriand[173] en d'autres occasions. Pendant son voyage de Russie, Galiffe lui tendait constamment le rameau de verdure ou le menu rouleau de papier dont elle avait besoin afin d'occuper ses belles mains pour que son esprit fût libre et son improvisation brillante[174].

Elle surgit, parée d'un attribut comme une déesse dans presque tous ses tableaux. Sur le portrait anonyme de Coppet, elle porte une touffe de fleurs à la main. Sur celui de Mme Vigée Le Brun, elle tient une lyre dorée à trois cordes, sur celui du baron Gérard une branche de feuillage, rameau pâle de tilleul, accompagnement de ces images où la ressemblance naturelle s'unit à la stylisation.

Royal Dragon ; exécute quantité de dessins à la Cour du duc d'Orléans qui sont aujourd'hui conservés à Chantilly.

1. ↑ *Journal des hommes libres*, 1802, 18 nivôse.
2. ↑ JUNG (Th.), *Lucien Bonaparte et ses mémoires*, Paris, G. Charpentier, 1882-1883, II, p. 233.
3. ↑ GODET (Ph.), *Mme de Charrière et ses amis*, Genève, Jullien, 1906, in-4° ; I, p. 336.
4. ↑ ARBLAY (Frances Burney, Mme d'), *Diary and letters*, London, H. Colbrun, 1842-1846, V, p. 406.
5. ↑ BOIGNE (Mme de), *Mémoires*, Paris, Plon, 1909, I, p. 249.
6. ↑ VARNHAGEN VON ENSE, *Mémoires et Mélanges*, I, Lettres de Bollmann du 14 septembre 1792 et du 14 octobre 1793.
7. ↑ BOGAROWSKI, *Louise*, grande duchesse de Saxe-Weimar, Stuttgart et Berlin, 1903, p. 260.
8. ↑ USTERI (Paul) et RITTER (Eugène), *Lettres de Mme de Staël à Henri Meister*, Paris, Hachette, 1903, p. 238.
9. ↑ GUIBERT, *Portrait de Mme de Staël*, cité dans NECKER DE SAUSSURE (Mme), *Notice sur le caractère et les écrits de Mme de Staël*, Paris, Treuttel, 1820, in-8°, p. 40.
10. ↑ LESCURE (de), *Rivarol et la Société française pendant la Révolution*, Paris, Plon, 1883, in-8°, p. 175.
11. ↑ CONSTANT (Benjamin), *Journal intime*, Paris, Ollendorf, 1895, in-8°, p. 320.
12. ↑ LAMARTINE, *Souvenirs et portrait*, Paris, Hachette, 1861, I, p. 295.
13. ↑ PANGE, *Mme de Staël et François de Pange*, Paris, Plon, 1925, in-16, p. 130.
14. ↑ HERRIOT (Édouard), *Mme Récamier et ses amis*, Paris, Gallimard, 1934, in-8°, p. 161.
15. ↑ Lettre de Mme de Staël, citée dans BLENNERHASSET (Lady), *Mme de Staël et son temps*, Paris, Louis Westhausser, 1890, III, p. 126.
16. ↑ BARBEY (F.), *Suisses hors de Suisse. Au service des Rois de la Révolution ; Mme de Staël et Ferdinand Christin*, Lausanne, 1913, in-8°, p. 194.
17. ↑ « Ses discours sont des feu roulants d'humour et d'esprit. » Opinion de Bollmann (VARNHAGEN VON ENSE, *Mémoires et mélanges*, I, p. 190-193).
18. ↑ « Elle avait une voix masculine », disait de Saugie, témoin peu bienveillant qui la traitait de virago. (MEREDITH READ, *Histoire studies on Vaud. Bern and Savoy*, London, Chatto, 1897, II, p. 491).
19. ↑ MALLET (J.-L.), *Souvenirs*, cités par KOHLER, *Madame de Staël et la Suisse*, Paris, Payot, 1916, in-4°, p. 622.
20. ↑ ACHARD (L.), *Rosalie de Constant*, Genève, Eggimann et Cie, 1902 : II, p : 122.
21. ↑ SŒDERHJELM (Alma), *Fersen et Marie-Antoinette*, Paris, Kra, 1929, p. 80.

22. ↑ Gœthe, *Annales ou notes pour servir de complément à mes confessions*, cité par Lady Blennerhasset, *Mme de Staël et son temps*, III., p. 68.

23. ↑ Duentzer, *Charlotte de Stein*, Stuttgart, II, p. 192.

24. ↑ Salis (Jean de), *Sismondi*, Paris, Champion, 1932, in-8°, p. 192.

25. ↑ « On me reproche aussi, ce ne sont pas les jeunes gens, mais les vieillards, d'être trop occupée de ma figure : quant à ce défaut j'aurai un peu plus de peine à m'en tirer : il n'y a point d'armes contre le ridicule. Cependant j'ai été moins mal que je ne suis et je n'ai que dix-neuf ans : ces changements si prompts, dont les mouvements trop vifs de mon âme ont été cause, m'ont fait quelque temps de la peine et l'espérance du retour de cette fraîcheur qui me caractérisait dans mon enfance a fixé mon attention. » (*Journal de jeunesse de Me de Staël*, publié par la comtesse de Pange. Cahier staëlien n° 3/4.)

26. ↑ Carmontelle, 1717-1806, né à Paris, accompagne, en 1759, le régiment de

27. ↑ Necker de Saussure (Mme), *Notice sur le caractère et les écrits de* Mme *de Staël, Paris, 1820, in-8°, p. 25-27.*

28. ↑ *Ibid.*, p. 30.

29. ↑ Haussonville, *Le salon de Mme Necker*, Paris, Lévy, 1882, I, p. 27.

30. ↑ Kohler, *Mme de Staël et la Suisse*, p. 53.

31. ↑ Sainte-Beuve, *Portraits de femmes*, Paris, Garnier, in-12, p. 92.

32. ↑ L'original du portrait de Mme Necker est au château de Coppet.

33. ↑ Cf. Lécuyer (Raymond), *Un nouveau musée parisien dans l'hôtel des Miramiones* (*Illustration*, 5 mai 1934).

34. ↑ Procédé de décalque du profit humain inventé par Chrétien et vulgarisé vers 1787, par Edme Quenedey.

35. ↑ Ce portrait est à la Bibl. nat. Dép. des Estampes. Cf. Hennequin (René), *Les portraits au Physionotrace gravés de 1788 à 1930*, Troyes, 1932, in-4°, p. 108

36. ↑ Cf. *Une correspondance inédite de Mme de Staël. Lettres à Nils von Rosenstein.* (Revue bleue, 1905, p. 706).

37. ↑ Ustéri (Paul) et Ritter (Eugène), *Lettres de Mme de Staël à Henri Meister*, Paris, Hachette, 1903, p. 113.

38. ↑ Dumas (Alexandre), *Mémoires*, Paris, Lévy, II, p. 215, VI, p. 79, VII, p. 109.

39. ↑ À propos de Massot, lire : Baud-Bovy, *Peintres genevois*. Genève, éd. du Journal de Genève, 1904, Mallet d'Hauteville, *Souvenirs des séjours de Me de Staël à Genève* (Bibliothèque Universelle, 1860).

40. ↑ Massot (Firmin), né à Genève le 5 mai 1766. Son père André Massot était horloger. Il fut emmené en Italie par le conseiller Jallabert.

41. ↑ Massot épousa Louise Mégevand, le 25 avril 1795. Il rentra à Genève en 1798.

42. ↑ Ce portrait, qui appartenait au comte d'Haussonville, a été reproduit, pour la première fois, par lui dans la *Revue hebdomadaire* du 4 avril 1914.

43. ↑ Isabey (Jean-Baptiste), peintre miniaturiste français, né à Nancy en 1761, mort à Paris en 1855. Élève du miniaturiste Dumont, puis de David. Entré en

relation avec la famille Bonaparte, il exécute son Portrait du général Bonaparte dans les jardins de la Malmaison, sa Revue passée par le Premier Consul, devient le maître de dessin de Marie-Louise. Il exécute entre autres œuvres trente-deux dessins sur le Sacre de Napoléon (1804) ; le Congrès de Vienne (1815), dessin ; l'Escalier du Louvre (1817), aquarelle sur ivoire et quantité de miniatures. Cf. BASILY-CALLIMACHI, *Isabey*, Paris, Frazier-Soye, 1909, in-4°.

44. ↑ Cf. GUIFFREY (Jean) et MARCEL (Pierre), *Inventaire des dessins du Louvre*, Paris, Morel et Eggimann, 1912 ; VII, n° 5.141.

45. ↑ PANGE (Comtesse de), *Mme de Staël et François de Pange*, p. 118.

46. ↑ « En plus du portrait classique de Gérard qui a été fait après la mort de Mme de Staël, il y a à Coppet quatre portraits à l'huile de Mme de Staël : un portrait du peintre genevois Massot où elle semble avoir de 25 à 30 ans, un petit portrait de Mlle Gérard où elle est représentée avec sa fille Albertine, une réduction de la main même de Mme Lebrun du tableau qui est au musée de Genève, enfin, un grand portrait en pied d'un peintre inconnu. C'est probablement de celui-là que parlent M. Necker dans cette lettre et Mme de Staël dans une lettre précédente où elle dit n'avoir promis pour ce portrait que 250 francs. » (HAUSSONVILLE, *Mme de Staël et M. Necker*, Revue des Deux Mondes, 15 juin 1914.)

47. ↑ RŒDERER, *Œuvres*, Firmin-Didot, 1856 ; IV, p. 318 ; art. de Fiévé, 1803.

48. ↑ Gérard (Marguerite), peintre français ; née à Grasse d'un distillateur en 1762, morte à Paris en 1837. Belle-sœur et élève de Fragonard. Elle subit l'influence de Debucourt, de Boilly, de Terburg, peignit de nombreuses scènes familiales : *Le premier pas de l'enfance, La leçon de dessin, Deux jeunes époux* lisant leurs lettres d'amour, Le Présent, L'Élève intéressante, Dors mon enfant, Le Triomphe de Raton, *etc. Marguerite Gérard obtint, sous le Consulat, sous* l'Empire et sous la Restauration, une vogue durable. Elle peignit les portraits de Tallien et de Mme Récamier.

49. ↑ Vigée-Lebrun (Élisabeth-Louise), née à Paris, le 16 avril 1755. Fille du peintre Louis Vigée, elle épousa très jeune le marchand de tableaux Lebrun dont elle eut une fille. On sait quel grand portraitiste elle fut. Elle représenta plus de vingt fois Marie-Antoinette, peignit aussi les Enfants de France, Mme Élisabeth, la comtesse d'Artois. Quand la Révolution éclata, elle se rendit d'abord en Italie, puis elle voyagea dans toute l'Europe, continuant à exécuter de nombreux portraits. En 1802 elle rentra à Paris. En 1835 elle publia ses souvenirs. Elle mourut le 30 mars 1842.

50. ↑ VIGÉE-LEBRUN (Mme), Souvenirs, Paris, Bibl. Charpentier, II, p. 193.

51. ↑ *Ibid.*, p. 193.

52. ↑ NOLHAC (Pierre de), *Mme Vigée-Lebrun, peintre de Marie-Antoinette*, Paris, Goupil, 1912 ; PILLET (Charles). *Les artistes élèbres, Mme Vigée-Lebrun*, Paris,

librairie de l'Art, 1890, in-8°.

53. ↑ VIGÉE-LEBRUN (Mme), *Souvenirs*, II, p. 173,193.

54. ↑ KOHLER, *Mme de Staël et la Suisse*, p. 471.

55. ↑ USTÉRI (Paul) et RITTER (Eugène), *Lettres de Mme de Staël à Henri Meister*, Paris, Hachette, 1903, p. 193 et 200.

56. ↑ VIGÉE-LEBRUN (Mme), *Souvenirs*, II, p. 194.

57. ↑ *Ibid.*, p. 194.

58. ↑ *Ibid.*, p. 196.

59. ↑ ACHARD (Lucie), *Rosalie et Constant*, II, p. 318-323. Lettres de Rosalie de Constant du 7 août, 13 août, 8 septembre.

60. ↑ Le château des Marches en Savoie, arr. de Chambéry, cant. de Montmélian.

61. ↑ Oreste, M. de Sabran (L. ACHARD, *op. cit..* p. 319).

62. ↑ Archives du château de Coppet. Lettre de Mme Vigée-Lebrun à Mme de Staël. La lettre n'est pas datée.

63. ↑ VIGÉE-LEBRUN (Mme), *Souvenirs*, II, p. 194. Lettre de Mme de Staël à Mme Nigris.

64. ↑ Archives du château de Coppet. Lettre de Mme de Nigris à Mme de Staël, 4 février 1809.

65. ↑ VIGÉE-LEBRUN (Mme), Souvenirs, II, p. 194.

66. ↑ VIGÉE-LEBRUN (Mme), *Souvenirs*, II, p. 194.

67. ↑ BARANTE (Baronne de), *Lettres de Claude-Ignace de Barante... de Mme de Staël... de Prosper de Barante...* Clermont-Ferrand, Imprimerie moderne, 1929, p. 341. Lettre du 27 juillet 1809.

68. ↑ KOHLER, op. cit., p. 672.

69. ↑ VIGÉE-LEBRUN (Mme), *Souvenirs*, Il, p. 193.

70. ↑ VIGÉE-LEBRUN (Mme), *Souvenirs*, II, p. 194. Lettre (dite du 16 septembre 1807).

71. ↑ VIGÉE-LEBRUN (Mme), *Souvenirs*, II, p. 194. Lettre du 9 janvier 1809.

72. ↑ Desnoyers (Auguste-Gaspard-Louis Boucher, baron), 1779-1857, membre de l'Institut en 1816, nommé graveur du Roi en 1825. Œuvres principales, d'après Raphaël : la *Belle Jardinière* (1804), la *Vierge à la chaise* (1814), la *Vierge de Saint-Sixte* (1846).

73. ↑ Tardieu (Pierre-Alexandre), 1756-1844. Il a surtout gravé de petites estampes.

74. ↑ Archives de Coppet. Lettre de Mme Nigris à Mme de Staël, 4 février 1809.

75. ↑ Archives de Coppet. Lettre de Mme de Nigris à Mme Vigée-Lebrun, 18 avril 1808.

76. ↑ Arlaud-Jurine (Louis-Ami), 1751-1829. Peintre en miniature, né à Genève, neveu de J.-A. Arlaud, peintre du Régent. Il étudia à Genève chez Liotard, à Paris chez Vivien, voyagea en Italie, vécut douze ans à Londres. Il exécuta 1.504 portraits.

77. ↑ Cette miniature est reproduite dans le *Trésor des Bibliothèques de France*, Paris, Van Œst, t. III, p. 81. M. Paul Gautier lui a consacré une notice.

78. ↑ Reproduit dans *Nos anciens et leurs œuvres*, Genève, t. I, p. 8.

79. ↑ Munier-Romilly (Amélie), née à Genève en 1788. Elle étudia à l'école du Calabri, devint l'élève de Massot en 1805, alla à Paris en 1812, entra en relations avec Vernet, Gérard, David, Guérin, Isabey. Revenue à Genève, elle installa son atelier près de celui de Massot. Elle exécuta plus de 5.000 portraits au crayon, à l'estampe, à l'huile, au pastel. En 1821 elle épousa le pasteur Munier. Elle mourut en 1875.

80. ↑ BARANTE (Baronne de), op. cit. p. 320,322. Lettres du 7 février et du 25 avril 1809.

81. ↑ *Id.*, p. 492. Lettre du 3 mars 1811.

82. ↑ Ce dessin a été reproduit par M. et Mme de Sévery dans leur livre : *La vie de société dans le pays de Vaud*, Lausanne, Bridel, 1912, II, p. 284, avec le titre suivant : *Mme de Staël dans sa jeunesse, d'après un crayon appartenant à Mme la Comtesse de Pückler, née de Constant de Rebecque, au château de Mésery.*

83. ↑ Tieck (Christian-Friedrich), fils d'un cordier, né à Berlin le 14 août 1776. frère du poète Ludwig, appelé à Weimar en 1801 ; fait le buste de Gœthe ; séjourne en Italie de 1805 à 1808 : s'établit à Munich en 1809 ; professeur en 1820 ; meurt à Berlin, le 14 mai 1851.

84. ↑ SCHLEGEL (A.-W.), *Briele von und an — gesammelt und erlaeutert durch Josef Korn*, Almatea Verlag. Zurich, 1929, p. 198.

85. ↑ HILDENBRANDT (Edmund), *Friedrich Tieck*, Leipzig, 1906.

86. ↑ MISTLER (J.), *Mme de Staël et Maurice O'Donnel*, Paris, Calmann, 1926, p. 196.

87. ↑ [Mme LENORMANT], *Coppet et Weimar, Mme de Staël et la grande duchesse Louise*, Paris, Michel Lévy, 1862, p. 153.

88. ↑ [Mme LENORMANT], *Coppet et Weimar, Mme de Staël et la Grande duchesse Louise*, p. 153.

89. ↑ USTERI (Paul) et RITTER (Eugène), op. cit., p. 217.

90. ↑ « Voulez-vous avoir la bonté. Monsieur, de payer pour mon compte, vingt louis à M. Tieck qui se trouve à Zurich maintenant et qui m'a envoyé le portrait de ma fille plus idéal que ressemblant. J'acquitterai ces vingt louis où vous voudrez. Mais j'ai osé compter sur l'intérêt que vous auriez la bonté de mettre à ce sculpteur un peu pauvre quoiqu'il ait du talent. » (Ibid., p. 217.)

91. ↑ BAUD-BOVY, op. cit., II, p. 77.

92. ↑ HERRIOT (Edouard), *Mme Récamier et ses amis*, p. 279.

93. ↑ KOHLER, *op. cit.*, p. 484. LENORMANT (Mme Ch.). *Mme Récamier, les amis de sa jeunesse et sa correspondance intime*, Paris, Michel Lévy, 1872, p. 61.

94. ⬆ Au point de vue de l'iconographie de Mme de Staël, on doit tenir compte, en plus du crayon du Musée des Beaux-Arts et de la gravure de 1812 (Exemplaire à la Bibl. publique universitaire de Genève, Coll. Rigaud, 833), d'une mention dans le *Dictionnaire biographique des Genevois et des Vaudois*, Lausanne, 1877, in-8°, de de Montet qui attribue à Amélie Munier-Romilly un portrait à l'huile de Mme de Staël.

95. ⬆ En plus des œuvres précédemment énumérées de Firmin Massot, nous pouvons citer encore la « Baigneuse », le « Retour du marché », la « Jeune femme à la plume », les portraits de l'impératrice Joséphine, de la princesse de Carignan, de Mme de Beaumont, de M. Albert Turrettini, du syndic Des Arts, du pasteur Picot, de M. et Mme Doxat, de M. et Mme Rigaud-Martin, de Simon Muller, roi de l'Arquebuse, de M. Sonnenberg, de John Campbell, de la femme de l'artiste, de son fils, de sa fille, la baronne de Geer, de Mme Munier, de Mme Danse-Romilly.

96. ⬆ Borovikovsky (Wladimir), originaire de la Petite Russie. Catherine II le remarqua lors de son voyage dans cette province et l'appela à Saint-Pétersbourg. Il fit surtout des portraits (*Portrait d'un Persan. Portrait de l'empereur Paul Ier*) et les peintures de Notre-Dame de Kazan.

97. ⬆ Phillips (Thomas), peintre anglais, né à Dudley, dans le comté de Warwich, le 18 octobre 1770, mort à Londres, le 20 avril 1795. Il vient à Londres en 1790, collabore aux vitraux de la chapelle Saint-Georges à Windsor. Parmi ses nombreux portraits, on peut citer ceux de Napoléon, du comte Platov, du poète Crabbe, du comte Grey, de Walter Scott…

98. ⬆ Le dessin appartenant à la comtesse de Pange, est exécuté au crayon. Une reproduction à la plume est à la Bibl. nat., Dép. des Estampes.

99. ⬆ Cf. Les lettres de Mme de Staël à John Rocca (*Revue de Genève*. 1929), 28 octobre 1813. « Je me reproche d'avoir été trop vive hier, mais dans de certains moments de peine, de s'entendre dire une foule de choses pénibles, du seul ami dont on attend de la consolation, cela fait mal. Faisons la paix, mais ménagez-moi pour ne pas me donner des torts et pour ne pas en avoir vous-même… » « Je vous demande pardon de ma vivacité d'hier, mais vous me faites mal quand vous me tourmentez tout le jour, ce que mes nerfs ne peuvent supporter et que je parle comme je crierais. Faisons la paix, mais croyez que vous abrégez ma vie quand vous me faites des scènes. C'est le seul avantage qu'elles aient… » « Voilà une lettre qui me paraît plutôt bonne. Venez déjeuner avec moi. Vous êtes rude dans les moments où la plus douce main ferait encore mal. » 22 décembre 1813. « Voulez-vous m'interdire toute conversation littéraire ou politique ? Voulez-vous m'ôter les plaisir les plus innocents de la vie et l'exercice de mes facultés ? Quand un homme aime une femme, il cherche à la rendre heureuse. »

100. ↑ Nous devons les renseignements sur les peintres anglais et russe à la haute compétence de la comtesse de Pange qui a bien voulu nous guider dans cette étude et à qui nous exprimons notre extrême reconnaissance.

101. ↑ Bouvier (Pierre-Louis), fils de l'horloger Jean Bouvier, né à Genève en 1766, mort à Genève en 1836. Il fit d'abord un apprentissage de peintre sur émail dans l'atelier Fabre à Genève, puis il alla étudier la peinture chez Vestier à Paris. Après un séjour à Hambourg, il revint se fixer à Genève où il exécuta, outre de très nombreuses miniatures, un grand nombre de portraits. Le musée Rath à Genève, possède le portrait du graveur Laline, le portrait de Bouvier par lui-même, le portrait de ses enfants, le musée de l'Ariana : le portrait de John Rocca, la *Société des Arts de Genève*, les portraits d'A.-P. de Candolle, de Senebier, du duc de Bassano, du fils du peintre.

102. ↑ Notice d'Henri Meister sur le portrait de Mme de Staël, citée dans les *Lettres inédites de Mme de Staël à Henri Meister*, publiées par Usteri et Ritter.

103. ↑ Bouvier reproduisit lui-même son œuvre l'année suivante, dans une gravure qui porte cette inscription : « Portrait de Mme de Staël, peint par P.-L. Bouvier d'après nature à Coppet en 1816 et gravé en 1817 ; chez l'auteur à Genève. »

104. ↑ BASILY-CALLIMACHI, *op. cit.*, p. 281.

105. ↑ Gérard (François), né à Rome le 11 mai 1770, mort à Paris le 11 janvier 1837. Étudie dans l'atelier de David ; membre du tribunal révolutionnaire ; expose son œuvre de début : Bélisaire, en 1793. Peint en portraits de nombreuses célébrités de l'époque : le général Moreau, Mme Récamier, Mme Laetitia, Joséphine et de grands succès : la Bataille d'Austerlitz, l'Entrée de Henri IV à Paris, le Sacre de Charles X.

106. ↑ Cf. HERRIOT (Edouard), *Mme Récamier et ses amis*, p. 279. Une lettre de Mme Récamier à Gérard à la suite de cet envoi est conservée à la bibliothèque de Montpellier (Ann. du fonds Fabre).

107. ↑ Grevedon (Pierre-Louis-Henri), 1776-1860. Élève des Beaux-Arts et de Regnault, il expose au Salon de 1804 son premier tableau, *Achille débarquant sur le rivage de Troie*. Il s'acquit ensuite une grande renommée en Russie par ses portraits, passa en Angleterre et rentra en France en 1816.

108. ↑ Degeorge (Christophe-Thomas), peintre, né à Blanzac (Puy-de-Dôme) en 1786, mort, à Clermont en 1854. Élève de David, il peignit des tableaux religieux, historiques et des scènes rustiques.

109. ↑ Cf. BARANTE (Prosper de), *Les amours de Prosper de Barante et de Mme de Staël* (L'insurgé, I).

110. ↑ *Lettres adressées au baron François Gérard…* publiées par le baron Gérard, son neveu, Paris, Quantin, 1886, II, p. 202.

111. ↑ LENORMANT (Mme), *Mme Récamier, les amis de sa jeunesse et sa correspondance intime*, I, p. 149.

112. ⟂ Sᴀɪɴᴛᴇ-Bᴇᴜᴠᴇ, *Chateaubriand et son groupe littéraire sous l'Empire*, Paris, 1866, I, p. 400-401.

113. ⟂ Sᴄʜʟᴇɢᴇʟ (August-Wilhelm), *Sœmmtliche Werke*, Leipzig, 1816, IX, p. 361-363.

114. ⟂ Lᴇɴᴏʀᴍᴀɴᴛ (Mme), *Coppet et Weimar, Mme de Staël et la Grande duchesse Louise*, p. 153. Le tableau est aujourd'hui au Musée de Lyon.

115. ⟂ Cf. les Salons de 1822 et 1828.

116. ⟂ Exemplaire à la Bibl. publ. un. de Genève, coll. Rigaud, 833.

117. ⟂ On peut citer entre autres exemplaires, celui du château de Coppet, celui du Fonds des Estampes au Musée des Beaux-Arts à Genève, celui du Musée de l'Ariana dans la même ville.

118. ⟂ Jazet reproduisit aussi en gravure, en 1818, la miniature de Bouvier (Bibl. nat. Estampes).

119. ⟂ Citons les reproductions de Benoist, Bertonnier, Champagne, Choulin, Delpech, Didier, Dieu, Ducarin, Fauchery, Mlle Formentin, Fry, Jacob, Langlois, Langlumé, Leguay, Lemercier, Manceau, Muller, Pye, Rouhière, Scriven.

120. ⟂ Un tirage au château de Coppet. Bertonnier (Pierre-François), graveur au burin, né à Paris en 1791.

121. ⟂ Prévost (Zachée), graveur français, né le 21 juin 1797, à Paris, mort le 27 mars 1861. Sa première planche fut *Corinne au Cap Misène* ; la commande lui en fut fournie par Gérard. Il reproduisit les tableaux de Paul Delaroche et autres contemporains en taille-douce, ceux de Léopold Robert en aqua-tinta.

122. ⟂ Aubry Lecomte (Hyacinthe-Louis-Victor), dessinateur et lithographe, né à Nice, de parents français, le 31 octobre 1787, mort à Paris le 2 mai 1858. Il dessina des portraits à l'estompe, reproduisit des tableaux en lithographie.

123. ⟂ Parmi les exemplaires du Département des Estampes, à la Bibliothèque nationale, citons encore :

a) Une gravure de F. Rosmæsler d'après F. Rehberg (1758-1835), datée de 1817. Mme de Staël est représentée en buste, de face, vêtue d'une robe sombre à décolleté carré, serrée par une ceinture sous les seins ; les manches sont petites et froncées ; la tête légèrement inclinée sur la droite est entourée d'un turban d'où sortent quelques mèches.

b) Une gravure de Frémy (1782-1867) : buste décolleté, tête légèrement inclinée à gauche. Mme de Staël est coiffée d'un voile drapé et rejeté sur le côté gauche ; les cheveux s'en échappent en bouclettes. Une impression de jeunesse et de poésie se dégage de cette esquisse au trait.

c) Une lithographie représentant Mme de Staël en buste de trois quart, en toilette de ville robe montante dans le dos, ruban à la taille, ruche autour du cou descendant en pointe jusqu'à la taille, manches longues, écharpe autour des épaules, capote retenue par une mentonnière, ornée sur le côté de plumes d'autruches et d'un nœud de ruban, les cheveux frisés sur le front. Elle sourit et tourne les yeux de côté.

d) Un portrait de Mme de Staël en pied, debout dans un parc, appuyée sur un banc, vêtue en satin blanc, coiffée d'un turban. Signature Desenne inv^t, Larcher scul.

124. ⊥ Bibl. nat. Estampes, collection Hennin.

125. ⊥ Une gravure représentant Mme de Staël servit de frontispice à une publication anglaise : *Baroness of Staël-Holstein, frontispice to the 7th volume of the Newmonthly Magazine, published. Novembre 1st* 1817, by Henry Colburn, engraved by H. Meyer. Mme de Staël est de face, en buste. Elle porte un turban. Le décolleté de la robe à haute taille est carré, bordé d'un petit volant. Autour du cou, un collier auquel une croix est suspendue, une écharpe sur les épaules (Bibl. nat. Est).

Voir aussi : European Magazine, 1819. Gravure de Thomson d'après Gérard.

126. ⊥ Reproduction du portrait de Gérard accompagnée d'une biographie dans l'*Iconographie instructive*, Paris, Rignoux ; *Biographie nouvelle des contemporains*, 1825 ; *Iconographie des contemporains*, 1832, (Hesse del. Delpech lith.)

127. ⊥ Un fragment de calendrier pour le mois de juillet reproduit la tête de Mme de Staël dans un médaillon inspiré de Gérard. L'inscription du cartouche donne les noms de Sapho, Aspasie, Corine, Hipatie, Tullie, Arète (Bibl. nat. Est.)

128. ⊥ Cet éventail appartient à la comtesse de Pange.

129. ⊥ Mülhauser (Jean-Pierre), 1779-1839. Dessinateur et peintre de Genève : fondateur et directeur de l'établissement de peinture sur porcelaine du Manège. Ses produits sont connus sous le nom de Vieux Genève.

130. ⊥ Le service est aujourd'hui la propriété de Mlle Guiguer de Prangins, descendante de M. Massé-Diodati, qui nous a très aimablement donné ces renseignements.

131. ⊥ Journal de Mlle Rillet, cité pour la première fois par la comtesse de Pange dans *Monsieur de Staël*. Edition des Portiques, 1931, p. 67.

132. ⊥ Lettre de Werner à Schneffer, citée par Sainte-Beuve, *Portraits de femme*, Paris, Didier, 1848, p. 147.

133. ⊥ Lettre de Henriette de Knebel, citée par Lady Blennerhasset, *Mme de Staël et ses amis*, III, p. 16.

134. ⊥ Rœderer, *Œuvres*, IV, p. 318.

135. ⊥ *Souvenirs de J.-S. Mallet*, cités par Kohler, *op. cit.*, p. 622.

136. ⊥ Comtesse de Pange, *Monsieur de Staël*, p. 67.

137. ⊥ *Journal de jeunesse de Mme de Staël*, publiée par la comtesse de Pange. Cahier staëlien n° 314.

138. ↑ Varnhagen von Ense, *Mémoires et mélanges. Lettres de Bollmann*, I, p. 190-193.

139. ↑ Blennerhasset (Lady), *op. cit.*, III, p. 16.

140. ↑ Boigne (Mme de), *Mémoires*, Paris, Plon, 1909 ; I, p. 247.

141. ↑ *Souvenirs de J.-L. Mallet*, cités par Kohler, p. 622.

142. ↑ *Journal de Mlle Rillet*, op. cit., p. 67.

143. ↑ Stael (Baronne de), *Lettres à M. de Staël publiées par la comtesse Le Marois* (*Revue des Deux Mondes*, 1er juillet 1932, p. 119).

144. ↑ Godet (Ph.), *Mme de Charrière*, p. 34.

145. ↑ *Souvenirs de J.-S. Mallet*, cités par Kohler, p. 622.

146. ↑ Guibert, *Portrait de Mme de Staël*.

147. ↑ Guibert, *Portrait de Mme de Staël*.

148. ↑ Lamartine, *Souvenirs et portraits*, Paris, Hachette, I, p. 213.

149. ↑ *Souvenirs de J.-S. Mallet*, cités par Kohler, cop. cit., p. 622.

150. ↑ Haussonville, *Le salon de Mme Necker…*, II, p. 26.

151. ↑ Usteri (Paul) et Ritter (Eugène), *op. cit.*, p. 238.

152. ↑ Lenormant (Mme), *Mme Récamier, les amis de sa jeunesse et sa correspondance intime*, p. 24,25.

153. ↑ *Extraits du journal de Chénédollé…*, par Mme Paul de Samie, Caen. Domin, 1922, in-8°, p. 127.

154. ↑ Chateaubriand, *Mémoires d'outre-tombe*.

155. ↑ Necker de Saussure (Mme), *Notice sur le caractère et les écrits de Mme de Staël*, p. 38.

156. ↑ Lescure (de), *Correspondance secrète inédite sur Louis XVI, Marie-Antoinette…* Paris, Plon, 1866, II, p. 13.

157. ↑ Gouverneur Morris, *Journal*, Paris, Plon, 1901, p. 7.

158. ↑ Chastenay (Mme de), *Mémoires*, I, p. 420.

159. ↑ « Elle avait peu de succès ; chacun la trouvait laide, gauche, empruntée surtout ». Oberkirch (Baronne d'), *Mémoires*, Paris, Charpentier, 1869, in-12 ; II, p. 225.

160. ↑ Bogarowski, *Louise, grande duchesse de Saxe-Weimar*, p. 341.

161. ↑ *Mélanges d'histoire littéraire par G. F.* avec des lettres inédites d'A.-G. Schlegel, publiés par J. Adut, Genève, 1856.

162. ↑ Varnhagen von Ense, *Mémoires et Mélanges*, I, p. 190-193.

163. ↑ Norvins, *Mémorial*, Paris, Plon, 1896, II, p. 152.

164. ↑ Boigne (Mme de), *Mémoires*, I, p. 247.

165. ↑ Kolher, *Mme de Staël et la Suisse*, p. 469.

166. ↑ *Ibid.*, p. 53.

167. ↑ Cf. *Recueil de costumes* (Bibliothèque de la Société des Beaux-Arts de Genève).

168. ⌃ LENORMANT (Mme), *Mme Récamier, les amis de sa jeunesse et sa correspondance intime*, p. 24,25.

169. ⌃ SCHLEGEL (August-Willhelm), *Saemtliche Werke*, Leipzig, 1846, IX, p. 364.

170. ⌃ KOHLER, *Mme de Staël et la Suisse*, p. 466.

171. ⌃ Lettre de Montesquiou du 12 novembre 1796, citée par KOHLER, *Mme de Staël et la Suisse*, p. 227.

172. ⌃ BOIGNE (Mme de), *Mémoires*, I, p. 247.

173. ⌃ CHATEAUBRIAND, *Mémoires d'Outre-Tombe*.

174. ⌃ GALIFFE, *D'un siècle à l'autre* ; correspondances inédites entre gens connus et inconnus du XVIIIe et du XIXe siècle, Genève, 1878, II, p. 309.